Das Medizinrad als Schlüssel zum Glück
Teil 5

Zur Erinnerung an meine lieben Eltern, für Leonie und Anna und für alle, die im Herbst geboren sind, mir in irgendeiner Weise nahe stehen und geholfen haben, diese Jahreszeit am Medizinrad besser zu verstehen

Rita Kasparek

Das Medizinrad als Schlüssel zum Glück Teil 5

Die Farben des Herbstes

Bibliografische Information der Deutschen Nationalbibliothek:
Die Deutsche Nationalbibliothek verzeichnet diese Publikation in der Deutschen Nationalbibliografie; detaillierte bibliografische Daten sind im Internet über http://dnb.dnb.de abrufbar.

Das Buch beinhaltet den leicht veränderten und erweiterten Herbstteil des Buches „Begegne HEUTE deinem Glück", erschienen 12-2011 im Verlagshaus Schlosser, Friedberg

Illustration: Rita Kasparek
Bildnachweis:
Umschlagseite „Herbstenergie" ©Michaela Sommerfeld
Herstellung und Verlag: BoD - Books on Demand, Norderstedt

ISBN-Nr. 9 783754 317198

Inhalt

Hinweis

Das vorliegende Buch ist sorgfältig erarbeitet worden. Dennoch erfolgen alle Angaben ohne Gewähr. Die Autorin kann für eventuelle Nachteile oder Schäden, die aus den im Buch gemachten praktischen Hinweisen resultieren, keine Haftung übernehmen.

Vorbemerkungen zum fünften Band

Liebe Leserin! Lieber Leser!

Herzlich willkommen im herbstlichen Abschnitt des Indianischen Medizinrades! Wahrscheinlich sind wir bereits eine schöne Wegstrecke miteinander gegangen und Du hast Dich schon in die beiden Bücher von Sun Bear vertieft, der uns die Vision dieses vollkommenen Kreises hinterlassen hat. Solltest Du aber zu den mutigen Seiteneinsteigern gehören, die genau jetzt, wo das Jahr sich seinem Ende nähert, NEU beginnen möchten, wirst Du Dich ebenfalls ganz schnell heimisch fühlen. Denn jede Stelle des Medizinrades ist die RICHTIGE und STIMMIGE für Dich, für mich, für alle Wesen. Das ist ja das besondere Geheimnis und die eigentliche Botschaft: dass unsere Erde ein Kreis der Liebe und des Friedens ist.

Wahrscheinlich fühlst Du Dich zum herbstlichen Geschehen besonders hingezogen, weil Du in einem der letzten drei Monde geboren bist, oder weil Dein Geburtsmonat im Frühling, also genau gegenüber liegt, und Du Deine Ergänzung suchst. Auch wenn Du Deinen Partner, Dein Kind oder andere Vertraute, die im Herbst zur Welt kamen, besser verstehen möchtest, ist dies ein günstiger Zeitpunkt.

Was auch immer Dein persönlicher Beweggrund sein mag, warum Du den letzten Abschnitt des Medizinrades gerade jetzt gehst, Deine Entscheidung ist bedeutsam für Dich, die Erde und alle, die auf ihr leben. Öffne Deine Augen und Dein Herz für die Schönheit IN und HINTER den Dingen, den Pflanzen, Tieren und Menschen. Ich bin sicher, die Dankbarkeit für die seit Ewigkeit bereitgelegten Geschenke wird Dein und unser aller Leben verändern.

Lassen wir uns nun gemeinsam ein auf den wechselreichen Prozess des Empfangens und Loslassens, der berauschenden Fülle und der absoluten Leere.

Gehen wir den schwankenden Weg
des Sichtbaren in das Unsichtbare, um einen letzten Halt zu finden!

Praktische Anweisung

Am folgenden Legeplan kannst Du Dich orientieren, falls Dir das Medizinrad noch fremd ist oder auch, wenn Du momentan keine Zeit oder Gelegenheit findest, eines für Dich zu bauen.

Legeplan

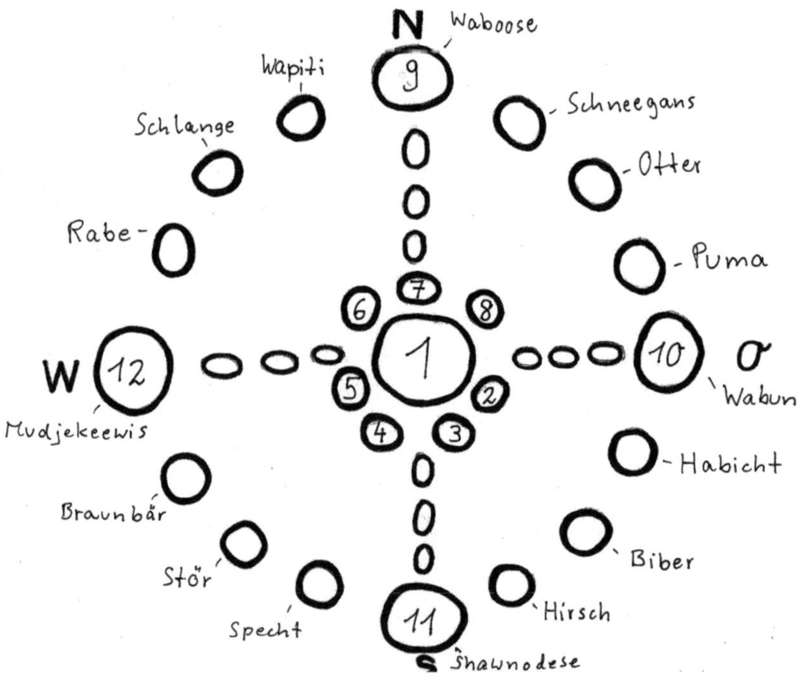

Wenn möglich, legst Du Dir natürlich Dein Medizinrad selber, z. B. mit Steinen oder Muscheln. (S. Literaturverzeichnis Sun Bear, „Das Medizinrad Praxisbuch“)

Empfohlene Hilfsmittel

- Schreibzeug, Farbstifte und einen besonderen Lieblingsstift (z. B. golden)
- ein leeres Schreibheft
- täglich ca. 15 Minuten Zeit am Morgen oder am Vorabend, um das Thema den Tag über auf Dich wirken zu lassen

Bearbeite täglich eine Aufgabe, aber nie gegen Deinen erklärten Willen! Unangenehmes darfst Du einfach überspringen, bis irgendwann der richtige Augenblick dafür kommen wird.

Beachte: Immer wenn im Buch die Themen „inneres Kind“ oder „Chakren“ auftauchen, findest Du im Anhang bei den Chakren-Stationen (ab S. 113) ein nützliches Hilfsmittel, um lösungsorientiert zu handeln.

Vielleicht grübelst Du ja bereits, ob nicht das ganze Unternehmen zu schwierig für Dich werden könnte. Sei unbesorgt!!! Wen das Medizinrad einmal gerufen hat, dem gibt es auch die nötige Unterstützung, die Zeit, die Erkenntnisse, die Geduld und all die Liebe, um diesen Weg auch voll GENIESSEN ZU DÜRFEN !

Mit der Wahl dieses Buches hast Du Dich dazu entschieden, das Medizinrad im Herbst kennenzulernen. So kannst Du im Einklang mit der Natur Deine täglichen Schritte tun und fühlst Dich immer voll eingebunden.
Solltest Du dieses Buch jedoch zu einer anderen Jahreszeit lesen, kannst Du in Erinnerungen oder Vorahnungen schwelgen.

Lass uns gemeinsam anfangen! Möglicherweise willst Du zum Einstieg eine Zufallsseite aufschlagen.

Am besten beginnst Du natürlich HEUTE

Der Übergang vom Sommer zum Herbst

Höre in Dich hinein! Die Hitze des Sommers ist nicht spurlos an Dir vorübergegangen. Die vielfältige gefühlvolle Botschaft der vergangenen Monate hat Saiten in Dir zum Klingen gebracht, die Dich gelehrt haben, Dich besser zu verstehen und die Nähe anderer Menschen mehr zu schätzen. Specht, Stör und Braunbär konnten Dir sogar einige bisher unterdrückte Gefühle näher bringen und lehrten Dich genügend Selbstliebe, um mit Andersartigkeiten und unterschiedlichen Sichtweisen besser klarzukommen.

Besonders der Braunbär hat Dich verständnisvoll und geduldig angeleitet, um Selbstheilung zu erlangen. Du wirst seine Freundschaft gebrauchen können, um Dich der neuen Herausforderung des Herbstes zu stellen. Es gibt so vieles zu bedenken!

Die Ernte hat begonnen. Egal wie kräftig tagsüber die Sonne noch scheint, wir gehen unaufhaltsam dem Winter entgehen. Das Jahr neigt sich.

Damit uns der Übergang leichter fällt, kann uns der Pfeifenstrauch helfen. Der Sommer - Jasmin mit seiner Überfülle wird die Vögel sogar noch den ganzen Winter lang mit kostbaren Samen versorgen.

Ich ruhe fest in mir selbst.
Je mehr ich meine Ängste loslasse, Spannungen und Blockaden abbaue,
desto mehr spüre ich die innige Liebe zu mir selbst,
tief in mir seit jeher angelegt.
Ich achte mich und mein wunderbares Sein.

Begeben wir uns jetzt also furchtlos in den Westen des Rades!

Das Medizinrad im Herbst

Himmelsrichtung: **Westen**

Element: **Feuer**

Geistiger Hüter: **Mudjekeewis**

Übergeordnetes Thema: **Spiritualität**

Krafttier: **Grizzly**

Tageszeit: **Abend**

Lebenszeit: **Erwachsener**

Zugehörige Monate:

Mond der fliegenden Enten im Zeichen des Raben:
23. September – 23. Oktober

Mond der ersten Fröste im Zeichen der Schlange:
24. Oktober – 21. November

Mond des langen Schnees im Zeichen des Wapitis:
22. November – 21. Dezember

Die Herbst – Energien Bildtafel 1

Energiebild Herbst
©Michaela Sommerfeld

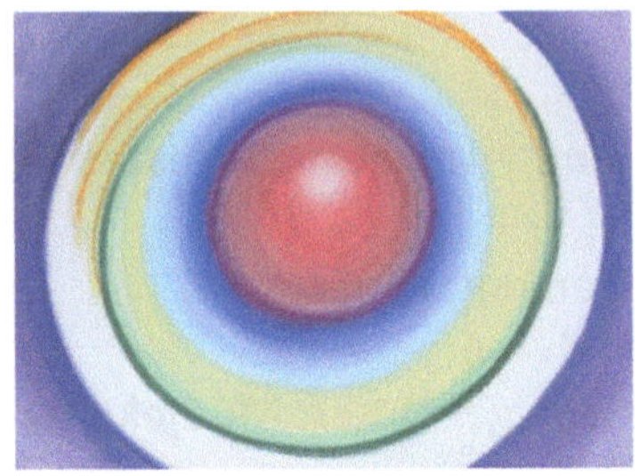

Energiebild Mudjekeewis
©Michaela Sommerfeld

Grizzly
Public Domain

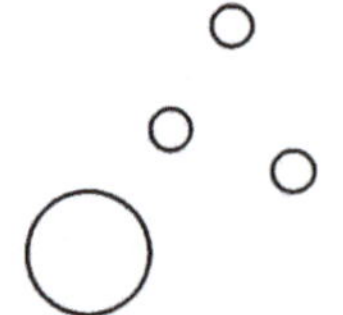

Luft-Element

Wasser-Element

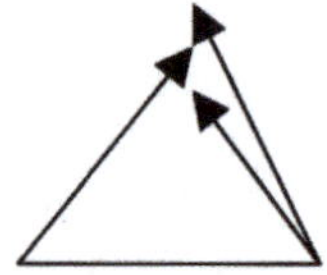

Feuer-Element

Rabe

Heilsames Gleichgewicht

Klarheit Wachheit Rücksicht

Hilfst meine Widersprüche auflösen

Harmonisch

Die Lernthemen

Der Herbst ist die Zeit des Bewertens:
Hell oder dunkel? Warm oder kühl?
Gib jedem Menschen, jeder Situation genau so viel Raum,
dass Du Dein inneres Gleichgewicht behalten kannst!

Der Herbst ist die Zeit des Ausbalancierens:
Übe Dein äußeres und inneres Gleichgewicht zu halten!

Der Herbst ist die Zeit der Widersprüche.
Entdecke die Widersprüchlichkeiten Deines Lebens!
So kannst Du sie leichter und schneller auflösen.

Der Herbst ist die Zeit der Bestandsaufnahme.
Sammle dankbar alle Erfahrungen ein,
die Dir das Leben schenkt,
ohne sie zu bewerten!

Energien des Rabe-Mondes Bildtafel 2

Rabe

Enzian = Gentian

Königskerze
= Mullein

Sicheltanne

Zitterpappel = Aspen

Alpenazalee

Walnuss = Walnut

Heliotrop = Blutjaspis

Schneeflockenobsidian

Aquamarin

Wie schon bei den vorhergehenden Jahreszeiten gehst Du am besten Schritt für Schritt voran.

Du kannst Dich gern auch von der Bildtafel inspirieren lassen, wohin es Dich HEUTE zieht.

Solltest Du gerade nicht viel Zeit erübrigen können, mach wenigstens im ersten Band (Das Schlüssel zum Glück: Innenschau) einen Abstecher zum Schmetterlingsklan! Hier kannst Du Dich in aller Kürze über das Luftelement des Raben informieren und findest Antworten auf anstehende Fragen.

Danach besuchst Du zusätzlich den Geisthüter Mudjekeewis, der Deine Seele begleitet und sogar Antworten weiß auf Fragen, die wir nicht laut auszusprechen wagen.

Bemerkst Du nach mehreren aufeinanderfolgenden Tagen, dass Dir jeder Tagesimpuls schwerfällt, schau im vierten Band nach, ob Du noch etwas beim Braunbären nachzuarbeiten hast.

Damit wir uns leichter vom Sommer verabschieden können, hilft uns die Energie einer besonders tröstlichen Bach-Blüte, die dem ersten Herbstmonat zugeordnet ist. Notiere Dir, wenn es sich richtig für Dich anfühlt, den dazu passenden Merksatz in Deinem Lernheft!

Gentian = Bitterer Enzian

Da ich dem Leben vertrauen kann,
plane ich meine Schritte
optimistisch und eigenverantwortlich.
So finde ich auch in schwierigen Situationen
eine positive Lösung.

23. September

Nun hat er also begonnen, der Herbst im Medizinrad! Spüre genau hin, ob Du irgendwelche Veränderungen an Dir wahrnimmst!

Vier Wochen lang sind wir gleichsam im Hausboot gesessen und haben gemütlich, zuweilen auch abenteuerlich das Meer unserer Gefühle durchschifft. Nun heißt es auf einmal umsteigen in einen Fesselballon, auf dünne Seile und durchsichtigen Seidenstoff zu vertrauen.

Wenn Du Dich heute auf den Weg machst, schau hinauf zum Himmel und stelle Dir vor, wie Du mit Deinem luftigen Gefährt nach oben schwebst, hinauf zu Sonne und Wolken! Lass Dich ein auf Leichtigkeit und Unsicherheit zugleich, vertraue dem Element der Lüfte und lass Dich empor tragen!

Was alles wirst Du von dieser ungewohnten Perspektive aus wahrnehmen! Vielleicht liegt noch der schwere Morgennebel über der Landschaft. Warte geduldig ab, bis sich die Sonne herauswagt und Deinen Blick öffnet! Erforsche die abgeernteten Felder, die bunten Obstbäume, das geschäftige Treiben von Mensch und Tier!

Beobachte Deine Neugier, achte auf die Erwartungen, die sich in Dir regen!
Was möchtest Du entdecken, wen möchtest Du Dir genauer ansehen, wohin soll Dich Dein Ballon entführen? Welche inneren Bilder entstehen vor Deinen Augen?

Bitte male in Deinem Lernheft Dein schwebendes Gefährt in möglichst schillernden Farben, denn es wird Dich wochenlang begleiten!

Einen erlebnisreichen bunten Tag bis morgen!

24. September

Wie hat Dir Deine erste kleine Ballonfahrt gefallen? War es bloß aufregend oder doch beängstigend? In jedem Fall wirst Du bemerkt haben, wie sich unser Lebensgefühl seit vorgestern verändert hat. Schon jetzt scheinen Kojote und Schildkröte in weite Ferne gerückt.

Wir befinden uns zurzeit tatsächlich „auf schwankendem Boden“. Aber die kleine Reise hat doch auch Spaß gemacht, oder?! Es ist also durchaus lohnend, sich auf die neue Position einzulassen.

Unsere Blickrichtung ist deutlich anders geworden. Wir befinden uns nun genau im Westen und wenden uns der untergehenden Sonne zu.

Das Wissen, dass der Sommer vorbei ist und das letzte Jahresviertel begonnen hat, kann uns innerlich etwas aus dem Gleichgewicht bringen. Auf unser Leben übertragen wird diese Sichtweise noch etwas ernster. Im Bewusstsein unserer vollen Kraft und Lebensfülle bereiten wir uns gewissermaßen schon auf ein Ende vor.

„Kein Problem“, wirst Du sagen! Die Sonne scheint genauso warm wie gestern, der Garten steht noch voll im Saft und die Gewässer laden ein zum Schwimmen. Und was mich selber angeht, fühle ich mich fit wie eh und je!

Wie schön! Das ist genau die Ausgangslage, die wir benötigen, um durchzustarten!

Nimm Dir also heute gut gelaunt die Zeit, Dein inneres Gleichgewicht ein wenig zu überprüfen! Gestern hast Du „von oben aus“ ja schon eine ganze Menge beobachtet und Dir so Deine Gedanken gemacht!

Falte jetzt ein Blatt und erstelle eine Liste: rechts die Menschen, die Dir GUT tun, links die Menschen, die Dir nicht behagen.

Sonnige Herbstgrüße bis morgen!

25. September

Hast Du Dir für die Liste Zeit genommen? Ich weiß schon, es gibt so vieles zu erledigen! Der stabile, feste Untergrund fehlt und die Gedanken treiben Schabernack mit uns.

In diesem Fall hilft es Dir, ruhig durchzuatmen. Geh in die kostbare Mitte, die Du Dir im Sommer geschaffen hast! Und nun überprüfe Deine Aufzeichnungen!

Hast Du irgendwelche wichtigen Leute vergessen? Dann schreibe sie noch schnell in die passende Spalte!
Zähle nach! Auf welcher Seite hast Du mehr Personen eingetragen?

Stopp!!! Wie denkst Du darüber?
Hat sich im Lauf des Jahres etwas verschoben?
Sind irgendwelche Feindbilder dazugekommen?
Konntest Du Dich neu befreunden?

Stelle Dir alle notierten Menschen als Vögel vor, rechts die weißen Vögel, links die schwarzen Vögel!

Schließe Deine Augen: Spanne in Gedanken ein Balancierseil und befestige es zwischen zwei starken Bäumen! Breite die Arme aus, um das Gleichgewicht zu halten!

Was passiert, wenn sich links ein schwarzer Vogel auf Deine Hand setzt? Lass ihn wegfliegen!
Jetzt setzt sich ein weißer Vogel auf Deine rechte Hand. Was passiert? Lass ihn wegfliegen!

Nun lese nochmals aufmerksam die Lernaufgabe der Woche!
Alles Liebe!!

26. September

Hast Du Zeit und Mut gefunden, über das hohe Seil zu spazieren? Vielleicht musstest Du richtiggehend den Atem anhalten, um nicht gleich ins Leere zu stürzen? Oder gehörst Du zur vorsichtigen Sorte und bist nur einen halben Meter über dem Boden geblieben?

Egal, es ist immer Deine Übung, Deine Entscheidung, Deine Verantwortung, wie sehr Du Dich einlassen und herausfordern möchtest! Außerdem war die Aufgabe schwierig genug!

Es ist wirklich nicht einfach, mit allen Menschen gut Freund zu sein. Wie leicht verlieren wir das Gleichgewicht, wenn uns jemand zu nahe tritt, genauso aber auch, wenn er sich fern von uns hält, wo wir ihn doch bräuchten!

Um uns besser stabil zu halten, begleitet uns im Westen der gewaltige, aufrechtstehende Grizzly.

Vergleiche dieses riesige hoch aufgerichtete Tier mit dem Braunbären, dem Totem des vergangenen Monats! Erkundige Dich über Lebensgewohnheiten und Vorkommen, finde ein Bild im Tierbuch, Lexikon, Internet oder betrachte ihn wenigstens auf Bildtafel 1, um ihn immer mehr in Dein Leben zu bitten!

Durchstreife heute die Natur mit den Augen eines Bären! Wo gibt es Honig, wo ein paar leckere Beeren? Entdecke Pilze und einen moosig weichen Untergrund! Genieße es, ein Überlebenskünstler zu sein!

Wenn Du magst, male ein Bild des Grizzlybären! Im Medizinrad trägt dieses kraftvolle Symboltier den Namen Mudjekeewis. Notiere Dir diesen wichtigen Namen in Deinem Lernheft!

Sei bereit, den Grizzly in Deine Träume und in Dein bewusstes Leben eintreten zu lassen!

Lass Dich heute überraschen, wie gut für Dich gesorgt ist!

27. September

Bist Du heute Nacht dem Grizzlybären mit dem ihm gebührenden Respekt begegnet? Sicher hast Du eine Menge Eigenschaften gefunden, die es an ihm zu bewundern gilt.

Mich beeindruckt besonders seine Fähigkeit, auch in schwierigsten Situationen einen Ausweg zu finden und zu überleben. Der Grizzly besitzt die seltene Gabe, sich aus eigener Kraft zu heilen, indem er mit seinen Körperreserven sparsam umgeht und die Apotheke der Natur klug für sich einsetzt.

Es ist gut zu wissen, dass wir uns in der vor uns liegenden Zeit auf die Begleitung von Mudjekeewis felsenfest verlassen dürfen. Mit seinem unmittelbaren Zugang zu den geistigen Bereichen des Lebens wird er uns auch dann führen, wenn uns die Dunkelheit zu überraschen droht.

Mach Dir nun gedanklich eine Liste wie vorgestern, diesmal mit Tieren!
Welche magst Du, welche belästigen Dich oder jagen Dir Angst ein?

Betrachte heute aufmerksam jedes Tier, das Dir begegnet!
Bereite einem Tier, das auf Deiner „weiße“ Liste steht, eine kleine Freude!

Wenn Du wenig Gelegenheit dazu hast, könntest Du Deinen ausgewählten „Freund“ zumindest aus der Ferne wohlwollend grüßen.

Viel Spaß dabei!

28. September

Sicher ist es Dir leichtgefallen, mit einem „liebenswerten“ Tier Freundschaft zu schließen, noch dazu, wenn wir über den für uns nötigen Abstand selber verfügen dürfen.

Schau nun Deine Tierliste an: rechts die „netten“ Tiere, links die, die Du nicht leiden kannst!

Hast Du dem Grizzly auch einen Platz eingeräumt? Dank seiner Kraft und Größe fällt Dir bei ihm die Entscheidung vielleicht nicht ganz leicht. Schließlich wirkt er bedrohlich und Furcht einflößend, wenn er uns Auge in Auge gegenübersteht. Er symbolisiert wie kein anderes Tier die spirituelle Dimension des Lebens. Falls er Dir Angst macht, erinnere Dich an den Schutz, den er Dir hier auf Erden anbietet! Er wird uns die kommenden drei Monate lang begleiten und Türen öffnen, zu denen wir ansonsten keinen Zugang haben.

Was aber sollen wir mit Tieren anfangen, die uns ganz eindeutig bösartig, gefährlich, widerlich, abstoßend erscheinen? Denn ohne Zweifel: Es gibt sie und wir können ihnen auf Dauer nicht ausweichen!

Versuche heute den Dir unangenehmen Tieren einen winzig kleinen Schritt entgegen zu kommen!

Wie könnte irgendjemand (nicht unbedingt Du selbst!), einem von ihnen eine Freude bereiten:

- dem Dauerbeller von nebenan?
- der Riesenspinne in Deiner Dusche?
- einem zähnefletschenden Wolf?

Schenke einem Deiner ungeliebten Tiere einen freundlichen Gedanken!

Und Dir ALLES LIEBE!!!

29. September

War es gestern schwierig? Du weißt ja, die Übung sollte nur im Kopf stattfinden. Aber da offensichtlich eine Menge Gefühle mit im Spiel sind, fällt das UM-DENKEN nicht so leicht!

Vielleicht findest Du heute Zeit für einen schönen Spaziergang?

Lass Dir bitte die Aufgabe von gestern noch einmal durch den Kopf gehen! Wähle mindestens drei Tiere aus, mit denen Dir die gestrige Übung besonders schwer erschienen ist!

Welches Gefühl erzeugen sie jeweils in Dir: vielleicht *Angst? Wut? Ekel?*

Sollte Dich die Liste von gestern ein wenig beunruhigt haben, keine Sorge! Der Herbst des Medizinrades wartet wieder mit so vielen heilenden Symbolen und Helfern auf Dich, dass Du stets gut begleitet sein wirst, egal wie schwierig die Anforderungen Dir erscheinen mögen!

Mudjekeewis, der Hüter des Westens, heilt Dich auf vielfältige, unergründliche Weise!

Außerdem herrscht (genau wie bei Otter und Hirsch) die leichte verspielte Energie des Luftelementes.

Menschen, die im Zeichen des Raben geboren sind (23. September bis 23. Oktober), gehören im Medizinrad zur Familie der Schmetterlinge. Wir alle ziehen in diesem Monat Nutzen daraus, uns innerlich mit den besonderen Qualitäten des Schmetterlings zu verbinden. Er ist ein Zeichen für die Aktivität unseres Geistes.

Beobachte heute bitte einen Schmetterling in freier Natur! Falls nicht möglich, suche wenigstens ein Bild heraus und studiere die Schönheit und Leichtigkeit dieser wundervollen zarten Wesen!

Betrachte Deine „Schreckenstiere“ zur Abwechslung mit den Augen eines Falters! Auf diese Weise kannst Du genügend Abstand wahren, Dich manchmal ein wenig ablenken lassen und Dir auch was Gutes gönnen!

Ganz viel Freude bis morgen!!

30. September

Hast Du den schönen Frühherbsttag genossen, Dich gesättigt mit dem Blau des Himmels und Dich von der Mittagssonne durchwärmen lassen?

Zugegeben, es war schon ein wenig verwirrend: auf der einen Seite die aufreibenden Gefühle gegenüber den bedrohlichen Tieren, auf der anderen Seite die luftigen Schmetterlinge in ihrer bunten Vielfalt!

Besser könnten wir die Position des Raben am Medizinrad gar nicht beschreiben. Wir fühlen uns regelrecht zerrissen von all den wechselnden Angeboten.

Vielleicht hast Du ein paar Krähen gesehen? Auf den leer geernteten Feldern oder hoch droben in großen Bäumen finden sie sich in Scharen zusammen und schwatzen in unüberhörbarer Lautstärke, als wollten sie eine wichtige Versammlung abhalten. Jeder Vogel macht schon für sich allein ordentlich etwas her mit seinem glänzenden Gefieder, seinem gewaltigen Schnabel, seiner beeindruckenden Größe. In der Gruppe treten die Raben und Krähen als geballte Kraft auf.

Und nun beobachte diese interessanten Vögel bei ihrem Flug durch die Lüfte! Sieh zu, wie sie lautlos über Deinen Kopf hinweg gleiten, die Schwingen weit ausgebreitet, ein Bild der Ruhe und Gelassenheit. Wie sanft sie auf dem Boden aufsetzen .... um sich gleich wieder krächzend am gemeinsamen Getöse zu beteiligen!

Lass Dich mit ganzem Herzen ein auf Deine neuen schwarzen Freunde!

1.**Oktober**

Konntest Du etliche Krähen oder Raben aus nächster Nähe bewundern? Was ist Dir dabei durch den Kopf gegangen?

In vielen indianischen Legenden wird erzählt, dass der Rabe ursprünglich ein **weißer** Vogel gewesen sei. Wie passend für unsere Arbeit!

Erfinde Dein eigenes Märchen, wie die Umwandlung geschehen sein könnte:

War es eine Bestrafung? Eine Auszeichnung? Ein besonderes Erkennungsmerkmal? Wie hat sich der Rabe danach gefühlt?

Hast Du bemerkt, wie schnell wir schon wieder dabei sind, ein Urteil zu fällen, eine Be-WERT-ung abzugeben? Das ist in Ordnung so und ganz normal, da wir uns als irdische Wesen in einer ständigen Polarität befinden. Ohne die Leistung unseres Verstandes, zu prüfen und zu unterscheiden, könnten wir uns nicht in Raum und Zeit orientieren. Wir besäßen keinen Geruchs- und Geschmackssinn, könnten uns nicht an Farben und Tönen erfreuen.

Von morgens bis abends sind wir eingeladen, zu werten, d. h. den Lebewesen, Dingen, Situationen einen WERT zuzusprechen. Aber Vorsicht, niemand gibt uns deswegen das Recht AB-zu-werten! Weder ist es für den Raben BESSER, schwarz oder weiß zu sein, noch ist die Stille besser als das krächzende Geräusch, mit dem er sie durchbricht. Gleiten ist nicht gekonnter als der Sinkflug, allein sein nicht fruchtbarer als der Austausch in der Gruppe.

Wenn Du heute innerlich wieder aufs Balancierseil steigst, lass alles gleich gut sein, verurteile nicht!

So passiert etwas Merkwürdiges: Jedem SCHWARZEN Vogel auf der linken Seite steht ein WEISSER Vogel auf der rechten Seite gegenüber.

Sollte sich so leicht ein Gleichgewicht herstellen lassen, um das wir seit einer Woche vergeblich gerungen haben?

Einen DENK-würdigen Tag bis morgen!

2. Oktober

Was hast Du beim Balancieren erlebt? Fühlst Du Dich GUT im Gleichgewicht?

Oder findest Du noch immer bedeutungs-SCHWERE Gründe, Dich auf einer Seite nach unten ziehen zu lassen?

Vorige Woche hast Du auf zwei Listen notiert, welche Menschen und welche Tiere Dir unangenehm aufstoßen. Mache Dir wieder einmal bewusst, dass derartige „Störenfriede" eine Eigenschaft in uns verkörpern, die wir gut verborgen halten! Dadurch fesseln sie uns in Gedanken so sehr, dass uns wenig GUTES einfallen will. Aber um nicht „abzustürzen", brauchst Du den Gegenpol!

Bemühe Dich heute bitte, jedes Mal, wenn sich etwas Schlechtes, Unangenehmes in den Vordergrund drängen will, sofort die Gegenseite wach zu rufen!

„Jemand hat Dich betrogen?" – Und ein anderer macht Dir unverhofft ein Geschenk!

„Du bist über ein lautes Geräusch erschreckt oder verärgert worden?" – Du hörst Deine Lieblingsmusik im Radio!

„Dein Freund hat keine Zeit für Dich?" – Du darfst das Baby der Nachbarin spazieren fahren!

„Du hast zu breite Hüften?" – Entdecke eine Stelle Deines Körpers, die besonders hübsch ist!

Ich bin sicher, Du platzt vor lauter kreativer Einfälle, wie Du „Schwarze und Weiße Vögel" so geschickt verteilen kannst, dass Du nicht gleich ins Schwanken gerätst!

Einen munteren Tag bis morgen!

3. Oktober

Ist es Dir gelungen, Deine bisher gemachten Erfahrungen einigermaßen gerecht zu verteilen? Zugegeben, wir alle tragen ein heftig schweres Päckchen unangenehmer Erinnerungen mit uns herum. Wirklich nicht sehr einfach, immer sofort etwas Gutes dagegenzusetzen! Aber nicht wahr, Du hast schon bemerkt, wie Dein Erfindungsreichtum von Tag zu Tag wächst!?

Außerdem gibt es ja noch die herrlichen, wohltuenden Momente, wo alles auf Anhieb klappt, wo wir geradezu im Glück schwelgen!

Du darfst für einen kleinen Moment GENIESSEN!

Und schon kommt wieder die Stunde der Wahrheit: Was passiert, wenn Du hoch auf dem Seil beim Balancieren allzu sehr ins Schwärmen gerätst? Wenn Du beginnst, vor Glück zu platzen?

Schwuppdiwupp zerplatzt die schöne Seifenblase, Du beginnst zu schwanken und es zieht Dich auf die Seite der „Weißen Vögel“, Absturz bereits vorprogrammiert!

Darf man sich nicht mal mehr FREUEN? Aber ja doch, schädlich wäre nur das ÜBER-be-WERT-en einer einzelnen Situation.

Betrachte die Dinge aus Höherer Warte, von Deinem Fesselballon aus, mit den heiteren Augen des Schmetterlinges! Sofort erkennst Du, wie der scheinbar glückliche Mensch den gegenwärtigen Augenblick zu verlängern sucht.

- Da will einer ewig jung bleiben!

- Der andere wünscht sich, seinen Schuldenberg loszuwerden und hängt sein Herz an eine Million Euro!

- Die Dritte sorgt sich um den Erhalt ihrer wunderbaren Partnerschaft!

Prüfe heute gewissenhaft nach, in welchen Augenblicken Du beginnst, ein bestehendes Glück festzuhalten!

Vielleicht findest Du auch noch Gelegenheit, unsere Monatspflanze, die Königskerze in den Gärten und Fluren oder wenigstens im Blumenbuch zu betrachten?!

Ich wünsche Dir heute Mut und Ehrlichkeit, mir übrigens auch!!

4. Oktober

Wenn Du gestern aufrichtig in Dich hineingeschaut hast, wirst Du heute leichtfüßig vorankommen.

Registriere ehrlich und mit einem kleinen Lächeln:

Wann möchtest Du etwas unbedingt und unter allen Umständen haben?

Wann kannst Du nicht mehr bereitwillig teilen, vor lauter Angst, es reicht sonst nicht?

Wann beginnst Du, Dir Sorgen um die Zukunft zu machen?

Wann sind Deine Ansprüche oder Erwartungen zu hochgesteckt?

Merkst Du, wie schnell unser inneres Gleichgewicht aus den Fugen gerät, sobald wir ab- oder überbewerten?!

Wäre es nicht wunderbar, aufrecht und stark, unbeeindruckt von äußeren Gegebenheiten ins Leben zu treten wie unser geistiges Vorbild Mudjekeewis?

Lass Dich vom Grizzlybären an der Hand nehmen! Begrüße den Abend, blicke auf die rotglühende, untergehende Sonne! Ergebe Dich der Sattheit eines gefüllten Tages, der alles für Dich bereithielt: Arbeit und Spiel, Freude und Kummer, Wohlklang und Stille!

Zum Schluss betrachte das Bild der voll aufgeblühten Königskerze!

Vielleicht hast Du selbst draußen eine dieser großen, königlichen Pflanzen entdeckt und warst enttäuscht, dass sie jetzt im Oktober schon braun, vertrocknet und unangenehm hart anzufassen ist. Wie herrlich gelb hat sie dagegen im Sommer geleuchtet!

Bitte schließe die Augen und erinnere Dich, wann Du diese Pflanze in ihrer vollen Kraft zuletzt gesehen hast! Stelle Dir vor, wie Mudjekeewis die Heilkraft der Königskerze mitten in Dein Sonnengeflecht einströmen lässt! Spüre Deine kraftvolle Mitte, die sich in den drei Sommermonaten entfalten durfte!

Verwende Deine gesamte Willensstärke darauf, loszulassen und leicht zu werden, indem Du Deine Macht einfach abgibst ....

Opfere Deine Ent-TÄUSCHUNG einem Höheren Ziel!

5. Oktober

Die gestrige Übung erschien Dir vielleicht seltsam. Den Willen loslassen? Geradezu widersinnig, aber wirkungsvoll!!

Hast Du Dich schon intensiv mit der Königskerze befasst?

Sie ist ein eindrückliches Beispiel für die Gegensätzlichkeiten, die zuweilen und in diesem Monat ganz besonders in unser Bewusstsein treten. Den augenfälligen Unterschied von der frischen gelb leuchtenden Blüte zu ihrem braunen vertrockneten Zustand im Herbst haben wir bereits beklagt.

Konzentriere Dich nun auf ihre Blätter! Da die Pflanze zweijährig ist, findest Du neben den hoch aufgerichteten Blütenständen häufig eine ausladende Blattrosette, die den Boden samtweich und saftig grün abdeckt: Waagrechte und Senkrechte, Elastizität und Härte, Jung und Alt so dicht beieinander!

Wie bedeutsam diese Energie für uns ist, kannst Du an den vielfältigen Heilkräften der Königskerze ablesen: Blüten wie Blätter finden Anwendung für den Hals- und Brustbereich bei Erkältung, bei Darmentzündung, Hämorrhoiden, Bettnässen, für entzündete oder juckende Haut- und Schleimhäute, bei Akne, bei Übersäuerung und zur Blutreinigung.

Öffne jetzt Deine Seele für das tiefe Wissen dieser Heilpflanze und notiere Dir die Information der kalifornischen Blütenessenz Mullein:

Ich stehe ehrlich zu mir selbst,
höre auf mein Gewissen und gestehe mir die eigenen Fehler ein.
Ich nehme mein Schicksal selbst in die Hand.
So lösen sich innere Widersprüche auf
und ich finde in ein heilsames Gleichgewicht.

Wenn Du Dich stark angesprochen fühlst, male bitte selbst ein Bild der Königskerze in Dein Heft! Vertiefe Dich in die Farben GELB und GRÜN und achte darauf, wie Dein drittes und viertes Chakra eine heilende, harmonische Verbindung eingehen!

Finde Deine innere Wahrheit!

6. Oktober

Spürst Du, wie unterstützend die Königskerze Dir sein kann? Da sie uns vor uns selber aufrichtig sein lässt, erfordert der Umgang mit ihr viel Mut. Vielleicht entspricht sie deshalb nicht unbedingt den gängigen Schönheitsidealen. Umso mehr sollten wir sie würdigen! Nimm ihre Hilfe dankbar an!

Wähle einen oder zwei der gestern notierten Sätze, schreibe den Text auf ein schönes (vielleicht farbiges?) Blatt und lies diesen Zettel mehrmals täglich! Legst Du ihn unter ein Glas Wasser, kannst Du beim Trinken die Information noch leichter aufnehmen.

So gestärkt wollen wir uns nun frohgemut auf die Gegensätzlichkeiten unseres Lebens einlassen!
Breite (zumindest innerlich!) die Arme aus und verteile alle Polaritäten, die für Dich bedeutsam sein könnten, z. B.:

Reichtum - Armut
Erfolg - Misserfolg
Gesundheit - Krankheit
Einsamkeit – Eingebunden sein
Zuneigung - Hass

Ergänze diese Liste beliebig und EHRLICH!

Bevor Du einschläfst, lege bitte einen Stift und Papier neben Dein Bett und schicke folgende Frage in Deine Träume: Welches Grundgefühl bringt mich bei jedem „meiner" Bereiche aus dem Gleichgewicht? Warum hat immer die EINE Seite ein so deutliches ÜBERGEWICHT? Nach was hungert meine Seele, dass immer etwas zu fehlen scheint?
Falls Dir heute Nacht ein Traumtier begegnet, schau ihm fest und mutig in die Augen! Falls Du mit einem Wort oder Satz im Kopf erwachen solltest, notiere Dir diese Botschaft auf Deinem Zettel!

GUTE Gedanken bis morgen! Ich schicke Dir liebevolle!!

7. Oktober

Welche Antwort hast Du heute Nacht für Dich gefunden? Oder bist Du mit einem bestimmten Gefühl aufgewacht, aufgewühlt, verschwitzt, abgehetzt?

Schauen wir einfach gemeinsam und in aller gebotenen Ruhe, was sich hinter der geheimnisvollen Polarität unseres Lebens verbirgt!

Immer wieder entdecken wir auf der einen Seite etwas Verlockendes, Angenehmes, das wir gerne festhalten möchten, und sofort lauert auf der anderen Seite der drohende Absturz:

Licht und Dunkel, Schön und Hässlich, Gut und Böse!

Warum beginnen wir zu klammern, warum lehnen wir die Gegenseite ab?

Ich entdecke (zumindest für mich) immer wieder die gleiche Erklärung: Tief verborgen lauert hinter allem die Angst: *Angst zu verlieren, Angst zu sterben, Angst, dass alles sinnlos ist, Angst, nicht geliebt zu werden ......*

Du kannst diese Liste für Dich fortsetzen!

Falls Du geträumt hast, rufe Dir das Tier ins Gedächtnis, das Dir heute Nacht begegnet ist! Andernfalls beschäftige Dich in Gedanken mit einem Tier, das große Angst in Dir erzeugt! Und dann schau nach innen!

Was hat dieses Tier an sich, dass es Dir so außerordentliche Angst einflößt? Ist es so laut, so riesig, fletscht es voller Wut die Zähne? Oder ist es einfach derart eklig, unberechenbar?

Die Antwort hierauf wird sehr wichtig für Dich sein, schreibe sie also unbedingt auf!

Ich wünsche Dir einen frohen Tag und SCHÖNE Träume!!!

8. Oktober

Warst Du bereit, Deiner Angst ins grimmige Angesicht zu sehen?

Sicher hast Du einige sehr heftige Wörter aufgeschrieben. Bei mir steht z. B. gefährlich, giftig, ekelerregend, unberechenbar. (Mit solchen Wörtern ließe sich ein hübsches Ratespiel erfinden!)

Wie außen, so innen?!!! Nimm probeweise, während Du auf dem Seil balancierst, all Deine Schreckenswörter in die linke Hand! Merkst Du, wie es Dich nach unten zieht?

Komm schnell wieder in Deine Mitte!

Beantworte nun bitte folgende Frage: Wodurch schafft es „Dein" Tier, so furchtbar angsterregend, grausam oder sonst was zu sein?

Kannst Du die Energie spüren, die Dein „Angst"-Tier in sich gebündelt hat, um Dir so sehr zuzusetzen?

Wie außen, so innen!!! Nimm das Schreckenstier in Deine linke Hand, seine geballte überschäumende Energie und Kraft in Deine Rechte: Und siehe da, Du kannst das Gleichgewicht halten!

Um diese Erfahrung zu festigen und scheinbar unkontrollierbare Ängste zu bändigen, dürfen wir uns „natürlich" unterstützen lassen. Vielleicht hast Du Dich am Medizinrad bereits auf der Otter-Position mit der Zitterpappel angefreundet?! Zurzeit läuten ihre zarten Blättchen bei jedem Windhauch den Herbst ein. Du kannst sie schon von weitem an ihrem zweiseitigen verschieden farbenen Grün erkennen.

Stelle Dich unter einen Pappelbaum und lausche seinem Flüstern!

Du kannst Mut schöpfen, Du bist nicht allein!

9. Oktober

Hast Du die „Glöckchen“ der Espe klingen hören? Der Wind trägt uns die Töne zu, wenn wir bereit sind, unser Herz zu öffnen, wenn wir bereit sind, uns auf das NEUE einzulassen!

Der Atem des Geistes findet immer einen Weg, es sei denn, wir verschließen und verriegeln uns!

Sobald Du wieder einmal erlebst, wie Dich die Flügel der Angst streifen, kannst Du Dich von der Essenz der Zitterpappel, der Bach-Blüte Aspen unterstützen lassen.

Notiere Dir in jedem Fall im Lernheft die Botschaft dieses wunderbaren Baumes:

Ich lerne, mich meinen Ängsten zu stellen
und mir selber und dem Leben zu vertrauen.
Meine hohe Wahrnehmungsfähigkeit hilft mir,
die eigenen seelischen Kräfte freizusetzen.

Was uns am meisten Angst macht, steckt tatsächlich tief in uns verborgen. Alle die Tiere, die uns erschrecken, alle die Menschen, die uns scheinbar auflauern und den Weg versperren, alle die Situationen, die uns „verrückt“ machen, spiegeln sorgfältig versteckte Eigenschaften, mit denen wir uns auf keinen Fall identifizieren wollen.

Vielleicht helfen Dir Deine Listen - durch Deine Schwester, die Zitterpappel gut geschützt - Unangenehmes beim Namen zu nennen.

Täglich machen wir lehrreiche Erfahrungen, die wir brauchen, um uns besser kennenzulernen. Suche Dir Deine persönlichen Schlachtfelder!

Nur Mut, früher oder später gehen wir alle diesen schweren Weg!

10. Oktober

Bist Du schon wie ein guter Detektiv ans Werk gegangen, um Deine Geheimnisse zu ergründen? Da es nicht unbedingt angenehm ist, sich WIRKLICH kennenzulernen, gilt es gerade dann genau hinzusehen, *wenn ganz bestimmt (!!!!) die anderen Schuld haben!*

Frage gerne auch bei Deinen Freunden und Bekannten nach! Du wirst sehen, es gibt Schlachtplätze wie Sand am Meer, wo wir die eigenen „schwarzen" Vögel entdecken können:

- *Träume*
- *der Badezimmerspiegel*
- *Nachbarn oder Kollegen*
- *die eigene Familie*
- *und immer wieder Kinder, Kinder, Kinder!*

Konzentriere Dich auf einen Ort, eine Situation, einen Menschen, mit dem Du die nächsten Tage Deine höchstpersönlichen Erfahrungen machen kannst oder gerade gemacht hast!

Und an was wirst Du diese berühmte „Erfahrung" erkennen?
Richtig, wenn Dir etwas tief innerlich zu schaffen macht, Dich berührt, Dich explodieren lässt, Dich bis in Deine Träume verfolgt ...

Wieder einmal die Bitte: SCHREIB ES AUF!!
Halte eine Erfahrung von heute fest!

Ich wünsche Dir offene Sinne und viel Mut dabei!

11. Oktober

Du hast gestern also aufmerksam hingeschaut. Gut so, aber nicht immer vergnüglich, sich selbst zu begegnen, nicht wahr?! Ein kleiner Trost, wir üben ALLE.

Nimm Dir heute Zeit, wenigstens fünf Minuten!

Versetze Dich mit geschlossenen Augen in Deine gestrige Situation zurück! Wie genau hast Du reagiert, als Du gerade DIESEN Menschen, DIESEN Umstand erlebt hast?

- *Mit Herzklopfen?*
- *Schweißausbruch?*
- *Unruhe?*
- *Bist Du still weggegangen und hast „gebockt"?*
- *Wie erging es Dir heute Nacht?*

Merke Dir diese genau für Dich typische Reaktion! An was wirst Du heute etwas früher erkennen können, wenn ein ähnlicher Fall eintreten sollte?

Achte darauf, wann sich Widerspruch in Dir regt! Gerade die Abwehr ist ein sehr typischer Hinweis, dass etwas nicht „stimmt".

Es ist ja nicht so, dass die Dinge immer „eindeutig" greifbar wären. Häufig stimmen wir sogar FÜR etwas und sind durchaus einverstanden, um erst nach Tagen zu merken, dass wir vielleicht doch eher DAGEGEN wären.

Nicht umsonst nennen die Indianer die Rabe-Position den Mond der Fliegenden Enten. Betrachte, während Du draußen durch die Natur streifst, den Abflug der Zugvögel!

Auch dies ist eine interessante Lernerfahrung. Einerseits ist es ja wirklich spannend anzusehen, wie sich ganze Schwärme auf einem großen Baum oder am Telegrafenmast verabreden, zu welchen Formationen sich die einzelnen Arten am Himmel ordnen. Andererseits ....

Gehe das Ganze gelassen an! Alles Liebe bis morgen!

12. Oktober

Sicher hast Du fleißig „studiert“ und einiges über Dich erfahren! Aber wie sollen wir nun damit umgehen?

Hast Du genau wie ich dieses Gefühl der inneren Zerrissenheit erlebt? Fast ist es so, als wollten wir uns auch noch für die schmerzlich erlittenen Reaktionen bestrafen! Würde es uns besser gehen, wenn wir eindeutig Stellung beziehen? Wenn wir den Bösen eben böse und das Abscheuliche ekelhaft sein lassen, Punktum! Wenn wir alles weit genug von uns wegschieben und der ganzen Widerwärtigkeit den Rücken zudrehen? Wenn wir beschimpfen und bestrafen und zeigen, wo der Herr im Haus ist?

Sehe ich hier ein winziges Lächeln in Deinem Gesicht? Shawnodese, unser sommerlicher Begleiter legt seine Fallen das ganze Jahr über aus und freut sich köstlich, wenn wir wieder mal hineintappen! Aber er reicht uns auch humorvoll seine Hand, Pardon, seine Kojotenpfote und führt uns zurück auf den liebevollen Weg: Im Leben wie im Medizinrad hat alles seinen Platz und seinen Wert.

Wie also werden wir mit unseren Erfahrungen umgehen?
Beobachte heute zur Übung Deine eigenen Zwiespältigkeiten! Erinnere Dich an ein Vorhaben, das Du unbedingt durchziehen wolltest!
- *Vielleicht hast Du eine erfolgreiche Position angestrebt und auf einmal ist Dir alles über den Kopf gewachsen?*
- *Vielleicht wolltest Du abnehmen und dann haben die Leute Dich verdächtigt, Du seist magersüchtig?*
- *Vielleicht wolltest Du unbedingt einen bestimmten Mann zum Freund haben und er ging Dir schon nach zwei Monaten furchtbar auf die Nerven?*

Wie pflegst Du in einem solchen Fall mit Dir selbst Frieden zu schließen? Wie findest Du schnell zurück in Deine heilsame Mitte, wo es sich wieder GUT und RUHIG anfühlt?

Ich schicke Dir liebevolle, freundliche Gedanken!

13. Oktober

Hast Du Dich vom Abflug der Vögel beeindrucken lassen? Es wird lange dauern, die bunten Enten, die geschwätzigen Stare wieder bewundern zu dürfen!

Oder streifte Dein Blick die leuchtenden Blätter, die unser Herz erfreuen, um schon vom nächsten Windstoß hinab geweht zu werden?

Da erwartet man bereits im Voraus den Herbst mit seinen herrlichen leuchtenden Tagen, um gleich darauf an Abschied und Verfall erinnert zu werden?!

Wollen wir also lieber ganz auf den Anblick verzichten, die kurze Freude gegen eine große beständige Langeweile eintauschen?

Und wieder einmal befinden wir uns hoch auf dem Seil und ringen um unser inneres Gleichgewicht. Was können wir tun, wenn sich in unserem Körper oder in unserem Denken die heftigen Gefühle von Zwiespalt und Zerrissenheit melden? Wie sollen wir reagieren??

Wir haben bereits beide Techniken kennengelernt: Entweder wir entziehen unserem „schwarzen" Vogel etwas Kraft, sprich Aufmerksamkeit oder wir setzen auf der anderen Seite etwas Gutes dagegen.

Probiere bitte bis morgen mal ganz bewusst, bei Deinen „dunklen" Erfahrungen die Technik einzusetzen, die Du bisher wenig oder gar nicht benützt hast!

Damit Dir die Zeit nicht schwer wird, beachte die Zeichen der Natur! Es gibt draußen immer noch Königskerzen zu entdecken, hart, braun, und ungeheuer kraftvoll!

Vielleicht fliegt Dir auch ein Schmetterling über den Weg? Möchtest Du ihn in Dein Heft malen?

Soviel Schönes wartet auf Dich! Geh mit Glück durch diesen Tag!!

14. Oktober

Gestern war ein guter Tag für Schmetterlinge, zumindest hier auf dem Land.

Ich hoffe sehr, dass auch Dir einer über den Weg geflogen ist!

Vergleiche das lebendige Wunderwerk der Natur mit Deinem gemalten Bild, und sei es noch so schön gelungen! Das Herrlichste an diesem Geschöpf ist seine Beweglichkeit!

Welch eindrückliches Beispiel, wie unser Geist arbeitet! Kein Wunder, dass wir nachts stundenlang wach liegen, wenn wir uns in irgendeinen Gedanken „verbeißen", anstatt ihn wieder freizulassen. Der Schmetterling fliegt Dir zu, wann immer er will, Du kannst ihn nicht steuern. UND DAS IST GUT SO !!

Auch Deine Erfahrungen, gute wie schlechte, sind nur Bilder vergangener Wirklichkeit. Betrachte sie, lerne aus ihnen und lass sie wieder los! Stört es Dich, dass sich die wirklich heftigen „Erfahrungen" andauernd wiederholen? Manchmal deprimiert es mich, wenn sich scheinbar nichts ändert. Aber wir befinden uns halt derzeit auf der zehnten Position des Rades, im Herbst, nicht unbedingt die beste Zeit für eine grundlegende Veränderung, weil wir gerade die „Früchte" des Jahres (auch unseres bisherigen Lebens!) zu ernten haben.
Also lass uns geduldig diesen etwas aufreibenden Weg weitergehen!

Um uns dafür zu stärken, holen wir heute eine Körperübung aus der Schatzkiste der vorherigen Medizinradposition (Braunbär), denn um das Balancierseil zu spannen oder eine Waage funktionstüchtig zu machen, braucht es stabilen Untergrund.

Probiere die Yogaübung „Der Baum"!

Stelle Dich aufrecht und gut verwurzelt hin, hebe das linke Bein und setze die Fußsohle auf dem rechten Oberschenkel ab! Lege die beiden Handflächen aneinander (wie zum Gebet!) und führe die gefalteten Hände über den Kopf! Blicke ca. 2 Meter vor Dir auf den Boden, atme mehrmals tief ein und aus und spüre die Ruhe des Baumes! Du bist ein Baum! Wiederhole die Übung auf der anderen Seite!

Ich wünsche Dir einen wunderschönen Tag!

15. Oktober

Fühlt es sich nicht herrlich kraftspendend an, so ruhig zu stehen, ganz im Gleich-Gewicht, ganz bei Dir selbst?! Plötzlich ist es ohne Bedeutung, ob Du groß und schwer oder klein und zierlich gewachsen bist, ob Dein Baum rote, gelbe oder blaue Früchte trägt, ob Deine bunten Blätter fallen oder Du auch im Winter grüne Nadeln behältst. Alles darf sein, WIE ES IST!

Wähle nun ein Thema, das Dich zurzeit besonders beschäftigt! Spüre tief hinein in den inneren Zwiespalt, der diese Angelegenheit schwer lösbar erscheinen lässt!

Gehe nun die Position eines neutralen Beobachters, die Dir genügend Abstand schenkt zu Deinem Schmerz, zu Deiner Wut, zu Deiner Ratlosigkeit! Meinetwegen fliege wieder mal im Fesselballon oder wähle gleich den Mond als unvoreingenommenen Standort!

Heißt Dein Ur-Thema, Deine tiefste Frage vielleicht:

Vertrauen? - Kontra „berechtigtes" Misstrauen?

oder noch konkreter

Der Glaube an eine liebevolle Urkraft/Gott? - Kontra Verlorensein, im Stich gelassen sein?

Zerreißt uns das Ausgeliefertsein an Höhere Kräfte oder schlimmer noch, das „Garnichtvorhandensein" einer fürsorglichen Macht?

Ich kann Dir darauf keine Antwort geben, obwohl ich sie für mich gefunden habe. Aber ich vertraue zutiefst, dass Du dieselbe Erfahrung machen wirst, DASS ALLES GUT IST, sobald der richtige Zeitpunkt da ist, und diese Zeit heißt immer JETZT.

Bitte wiederhole zum Abschluss Deiner aufreibenden Gedankenspiele die Baum-Übung von gestern! Sie hilft Dir, einen gesunden STAND-Punkt einzunehmen!

Alles Liebe bis morgen!

16. Oktober

Merkst Du, wie Du trotz der gedanklichen Auseinandersetzungen zunehmend innere Festigkeit erhältst?

Was uns im Herbst zu erden vermag, ist einzig die Hoffnung, dass wir uns in einem Kreis befinden, dass wir nicht auf ein endgültiges Aus zusteuern. Wenn Du dies nicht „glauben“ kannst, sortiere einfach weiterhin voller GLEICH-MUT Deine Erfahrungen! Gib dem Guten und dem scheinbar Schlechten gleichermaßen Raum und bemühe Dich um eine gewisse Ausgewogenheit!

Wenn Du also heute wieder mal eine harte Nuss zu knacken hast, d. h. eine heftige Erfahrung ausbalancieren möchtest, denke einerseits an all das viele GUTE, das Dir widerfährt, und nimm auf der „geschwärzten“ Seite ein wenig an Energie heraus, um das „Schlechte“ abzuschwächen!

Um heftige Gedanken oder Gefühle herunterzufahren, benötigen wir einiges an Hilfsmitteln.

Zur Position des Raben gehören folgende drei Heilsteine: Blutjaspis = Heliotrop, Schneeflockenobsidian und Aquamarin. Besorge Dir bis nächste Woche einen dieser Steine oder alle drei! Vielleicht kannst Du den einen oder anderen ausleihen.

Zum Schluss möchte ich Dir die Botschaft eines besonders kraftvollen Baumes schenken. Betrachte die Sicheltanne und lass ihr Wissen in Dich einsinken:

Indem ich mich zugleich nach oben hin öffne
und mich mit der Kraft der Erde verbinde,
erlebe ich Klarheit und Wachheit in mir.
Dieses innere Gleichgewicht wirkt stärkend und heilend
auf mich und meine Mitmenschen.

Schicke Deine schweren Gedanken mit dem Herbstwind auf die Reise!

17. Oktober

Während Du weiterhin fleißig die „Baum-Übung“ machst, um Dich zu stabilisieren, kannst Du Dich gedanklich mit der Sicheltanne verbinden. Es wird Dir helfen!!

Im täglichen Umgang mit anderen Menschen lässt sich am leichtesten überprüfen, in wieweit wir bereits Fortschritte gemacht haben.

Ein wichtiges Übungsfeld stellt das derzeitige Geldsystem dar. Denn durch Geld in jeglicher Form fühlen wir uns untereinander verknüpft – manchmal sogar geknebelt.

Nimm Deine aufrechte „Baum-Position“ ein und spüre nach beiden Seiten folgendes Gegensatzpaar ab:

Reichtum – Armut

Kannst Du das vollkommene Gleichgewicht halten oder zieht es Dich in eine bestimmte Richtung?

Frage Dich:

- *Wie wichtig ist mir Geld? Was würde ich schlimmstenfalls / bestenfalls dafür tun, um mehr davon zu besitzen?*
- *Wie teile ich mein Geld ein? Bin ich sparsam/ängstlich oder gehe ich großzügig/großspurig damit um?*
- *Bringt mich Geld zur Verzweiflung? Fühle ich mich GERECHT behandelt? Handle ich selber GERECHT?*

Ich empfehle Dir einen kleinen Herbstspaziergang, während Du Dich mit diesen Gedanken auseinandersetzt. Beobachte die Natur, wie mühelos hier alles geordnet ist! Der Ablauf des Kommens und Gehens vollzieht sich fließend, wie durch ein Wunder. Wie gut ist für Tiere und Pflanzen gesorgt! Betrachte die Fülle an Blättern und Früchten!

Sieh Dich schon mal um nach ein paar Walnüssen, wir benötigen sie in einigen Tagen!

Genieße den „goldenen“ Oktober, sogar wenn er sich einmal im Schneeregen verstecken sollte!

18. Oktober

Vielleicht ist Dir gestern ein Eichhörnchen über den Weg gelaufen? Wie unbekümmert es seine Wintervorräte einholt! Noch leichter machen es sich die einheimischen Vögel, die immer wieder etwas finden, ohne lange zu zählen und nachzurechnen, ob es auch wirklich reichen wird! Nur wir Menschen kennen existenzielle Ängste und lassen uns von all den Sorgen den Boden unter den Füßen wegziehen.

Gibt es irgendeine BERUHIGENDE Antwort gegen unsere angstvollen Gedanken?

Probiere es heute mit dem Gefühl der Dankbarkeit! Immer wenn sich die VERZWEIFLUNG meldet, d. h. immer, wenn irgendetwas Schreckliches, Besorgniserregendes gegen das GUTE spricht, bedanke Dich für den jetzigen winzigen Moment Deiner Gegenwart!

Frage Dich einfach:

- *Jetzt gerade, habe ich da etwas zu essen/zu trinken/ein wärmendes Kleidungsstück/einen Platz zum Wohnen und Schlafen?*
- *Jetzt gerade, habe ich da einen/oder sogar mehrere Menschen, die sich kümmern/die mich lieben/die mir helfen wollen/die an mich denken?*

Vor zwei Wochen erst waren in den Kirchen die reich geschmückten Erntedankaltäre zu bewundern. Ist nicht auch Dein Keller bereits bis oben hin gefüllt mit Obstkisten und Gläsern? Überall werden säckeweise Nüsse angeboten und riesige Kürbisse liegen an den Wegrändern bereit. Betrachte die natürliche Fülle, die Dich umgibt, die Farben, die Düfte!

Wenn Du genau nachdenkst, wirst Du eine ebensolche Fülle in Deinem Leben entdecken .... es sei denn, Du wendest Deinen Blick wieder einmal in die gegenüberliegende Richtung und konzentrierst Dich auf den Anblick des Mangels und der Bedürftigkeit.

Bitte betrachte das Bild der blühenden Alpenazalee, um Dich in den verschwenderischen Reichtum der Natur zu versenken, von dem ich Dir da vorschwärme! Auch Du wirst eine ganze Menge GUTES finden!

Feiere heute Dein höchstpersönliches Erntedank-Fest!

19. Oktober

Bist Du noch immer erfüllt vom berauschenden Gefühl der Dankbarkeit? Wir müssten geradezu blind durchs Leben stolpern, um nicht täglich ein klein wenig Freude und Glück zu entdecken. Wenn uns das nicht gelingt, hat uns die angeblich großartige menschliche Vernunft einen üblen Streich gespielt.

Die Essenz der Alpenazalee sagt mit deutlichen Worten, wie einfach es funktionieren könnte:

Ich nehme mich aufrichtig an, genau so, wie ich bin
und stehe zu meinen ureigenen Bedürfnissen.
So kann ich mein Herz weit in Liebe öffnen,
für mich und die anderen.

Betrachte die herrlich blühende Pflanze hoch im Gebirge! In oft unwirtlicher Umgebung, der rauen Witterung ausgesetzt tut sie ihr BESTES und blüht derart verschwenderisch, als stünde sie im gepflegten Blumengarten.

Niemand behauptet, dass es IMMER LEICHT ist. Solange Du denken und diskutieren kannst, wirst Du Deine Erfahrungen aus-WERT-en. In Ordnung, ziehe den Nutzen daraus, das Leben für Dich und alle Mitmenschen, Tiere, Pflanzen tragfähig und angenehm zu gestalten! Übernehme Verantwortung und genieße „Deine Macht" hin zum GUTEN und SCHÖNEN!

Der Rabe schenkt uns das Bewusstsein, Teil einer großen Gemeinschaft denkender Wesen zu sein. Nutze Deine Gabe, zu denken, zu sprechen, kreativ zu sein, Kritik zu üben und Dinge SINN-VOLL zu verändern!

Wenn Du die Botschaft der Alpenazalee niedergeschrieben hast, setze Dich ein wenig mit folgenden Fragen auseinander:

- *Unter welchen Situationen, Gegebenheiten, Tatsachen leide ich am meisten?*
- *Was kann ich persönlich beitragen, um daran etwas zu verändern?*
- *Welche Gruppen von Menschen unterstützen mich dabei?*

Ich wünsche Dir einen bunten Blumenstrauß schöner Ideen!

20. Oktober

Sicher sind Deine Gedanken gestern besonders GUT in Schwung gekommen! So lernst Du immer besser, im Kreise wohlgesinnter offen-HERZ-iger Menschen der Erde und allen ihren Kindern zu dienen.

Es ist unsere Aufgabe, genau hinzuspüren, was in jedem Augenblick benötigt wird, um die leider zur Gewohnheit gewordenen menschlichen Störaktionen zu unterbinden, die unser Überleben auf diesem wundervollen Planeten gefährden.

Bewahre Deine eigene Unabhängigkeit und zeige Dich zugleich aufgeschlossen für die nützlichen Ideen der Gruppen, denen Du Dich zugehörig fühlst! Der Rabe schenkt Dir die Kraft, immer die richtige - richtungsweisende - Entscheidung zu treffen.

Ein erster wichtiger Schritt ist, Dich von finanzieller Abhängigkeit zu lösen. *Wie soll das aussehen?* Es geht gar nicht darum, ganz auf Geld und Sicherheit zu verzichten. Das wäre nicht nur schwierig für Dich, sondern würde Dich so sehr aus dem Stand der „Normalität" entfernen, dass Dich nur noch wenige Menschen verstehen könnten. (Dennoch übernehmen Einzelne, die sich ganz darauf einlassen, hier eine wichtige Vorbildfunktion (s. Literaturverzeichnis Heidemarie Schwermer). Probiere den Austausch geistiger oder materieller Güter in einem Rahmen, den Du selbst völlig FREI-willig bestimmen wirst, probeweise zu vollziehen, ohne vom Empfänger einen Gegen-WERT zu erwarten! So erreichst Du ein besonders beglückendes Bewusstsein für die große Fülle, die uns allen zugeteilt ist. Denn natürlich wirst Du augenblicklich die Erfahrung machen, wie REICH Du beschenkt bist. Indem Du als Geber nicht vom Empfänger „bezahlt" wirst, sondern eine andere, unerwartete Gabe durch die Kanäle des „Zu-Falls" erhältst, wirst Du offen für den viel größeren Fluss ALLEN SEINS.

Bitte trage heute einen der Heilsteine, für den Du Dich entschieden hast, den ganzen Tag bei Dir, in der Hosen- oder Brusttasche und spüre genau hin, wie es Dir damit ergeht! Nachts legst Du ihn aufs Nachtkästchen oder unter das Kopfkissen.

Genieße den WERT der Einfachheit!

21. Oktober

Durftest Du erleben, wie die Dinge in Fluss kommen, wenn wir ihnen ihren natürlichen Wert zusprechen, ohne mehr zu erwarten, ohne Zins und Zinseszins zu verlangen, ohne abzurechnen? Spürst Du das Gefühl von Erleichterung und Freiheit, wenn Du - für den kleinen kurzen Moment des Augenblickes - die Sorgen und Ängste des Mangels loslässt? Sieh den wegfliegenden Enten hinterher! Du weißt, sie werden wiederkehren! Du bist SICHER, weil Du dem Leben vertrauen kannst, weil Dich die Erde trägt und versorgt, weil der Himmel weiß, was für Dich GUT und NOT-WENDEND ist.

Betrachte den Stein in Deiner Hand! Spüre, wie er sich an Dir erwärmt und Dir zugleich seine eigene, kraftvolle Energie zufließen lässt! Genieße den Austausch mit diesem direkten Abkömmling Deiner Erdmutter und beobachte, wie Deine Gedanken sich auf Deine höchsten Ziele zu konzentrieren beginnen!

- *Vielleicht hast Du Dich für den Heliotrop entschieden?* Der grün und rot gefärbte Blutjaspis wird nach der berühmten Seherin auch Hildegardjaspis genannt, weil ihn Hildegard von Bingen als ersten von zwölf Grundsteinen besonders empfohlen hat. Er wird eingesetzt zur Regeneration und gegen Einschlafstörungen. Um so besser, wenn er bereits bei Dir unter dem Kopfkissen gelegen hat! Da er die Gedanken klärt und zu innerem Gleichgewicht verhilft, passt er zu unseren aktuellen Übungen besonders gut.
- *Der zweite Stein unserer derzeitigen Medizinrad-Position ist der Schneeflockenobsidian.* Mit seiner schwarz-weißen Färbung passt er ja schon äußerlich prima zum Raben. Er schenkt Zuversicht, lässt die Realität besser erkennen und macht Dir alles Erlebte bewusster.
- *Der dritte aktuelle Heilstein ist der Aquamarin.* Er lindert Ängste und Depressionen, stärkt das Selbstbewusstsein und schenkt Kraft, zu zeigen, wer und wie man wirklich ist.

Lass Dich auch heute von einem Deiner Steine begleiten und gönne Deinem Kopf ein wenig Ruhe! Ich wünsche Dir alles Liebe!

22. Oktober

Welchen der Monatssteine trägst Du gerade bei Dir? Bestimmt hat „Dein inneres Kind“ Dir heimlich bei der Auswahl geholfen, weil es für Farben sehr empfänglich ist und feinste Schwingungen wahrzunehmen vermag.

Je mehr wir lernen, diesem kleinen schwachen Kind in uns, das wir in der Erwachsenenwelt so gerne hinter uns lassen würden, Raum zu schaffen, um so besser kann es uns in der Gegenwart hilfreich unterstützen.

Bitte lies im Anhang 1 ab S. 113 bei den Chakren nach, welche Botschaft Dir Dein ausgewählter Stein vermitteln möchte!
- Der Heliotrop ist der vierten Station, dem Herzchakra zugeordnet.
- Der Aquamarin gehört der fünften Station an, also dem Halschakra.
- Beim Schneeflockenobsidian arbeitest Du auf der sechsten Station, dem Stirnchakra.

Beim Nachlesen erfährst Du, was Deinem inneren Kind zurzeit besonders GUT tut und was Du für Deinen Alltag wissen solltest. Notiere Dir ein, zwei wichtige Sätze im Lernheft!

Zum Schluss darfst Du zusammen mit dem kleinen Kind, das Dir manchmal so sehr zu schaffen macht, das soviel Zuwendung braucht und doch aus tiefster Weisheit heraus ALLES für Dich zustande bringt, ein paar leckere Walnüsse verspeisen.

Achte beim Knacken der Nüsse auf die verblüffenden Gegensätze! Betrachte die Härte und Unangreifbarkeit der Schale, dann die Weichheit und Schmackhaftigkeit der Nuss im Inneren!

Ein kleiner Junge hat bei einem gemeinsamen Walnuss-Essen am Medizinrad pfiffig darauf hingewiesen: „Sieht aus wie Hirne!“

Wie bemerkenswert, wieder das Rechts-Links, ein Abbild des menschlichen Gehirns, inklusive der Trennwand!

Einen fröhlichen Tag bis morgen!

23. Oktober

Hast Du Dir die Walnüsse schmecken lassen? Vielleicht konntest Du sie sogar von einem der prächtigen herbstlichen Walnussbäume selber ernten?!

Denke auf jeden Fall in großer Dankbarkeit an den Baum, der Dir seine Früchte gespendet hat! Du kannst beim Verzehren der Walnüsse seine ganze Kraft in Dich aufnehmen.

Der Walnussbaum schenkt Dir seine Energie und zusätzlich all seine Informationen, die Du Dir unbedingt notieren solltest.

Der Bach-Blüten-Satz der Essenz Walnut=Walnuss lautet:

Geschützt vor starken Einflüssen
und unabhängig von anderen
kann ich beherzt neue Schritte tun.
Da ich mich gefühlsmäßig mehr ablöse,
gewinne ich innerlich an Festigkeit.

Die Walnut-Essenz unterstützt sehr hilfreich alle Neuanfänge des Lebens, z. B. Heirat, Geburt, Kindergarten und Schulanfang, Wechseljahre und Renteneintritt.

So erhalten wir heute zu guter Letzt, wo der erste Herbstmonat sich verabschiedet, die Aussicht auf einen Neubeginn.

Alle die Erfahrungen, die wir begutachtet und gewertet haben, dienen einem einzigen Zweck: einen weiteren Schritt zu machen hin zum GROSSEN GANZEN, hin zu mehr Freude und Liebe.

Während wir uns um inneres Gleichgewicht bemüht haben und zwischen all den Gegensätzen balanciert sind, die uns oft das Leben schwer machen, durften wir lernen, Gutes wie Schlechtes als kostbares Geschenk anzunehmen. Dies ist das Geheimnis wahrer Schönheit.

Mache eine kleine Bestandsaufnahme: Was hat Dir besonders geholfen?

- *Das Symboltier Rabe?*
- *Die Heilsteine Blutjaspis, Schneeflockenobsidian, Aquamarin?*
- *Der Schmetterling als Zeichen für unseren sich ständig entfaltenden Geist?*
- *Die Pflanzenkräfte von Königskerze, Zitterpappel, Alpenazalee, Walnuss?*
- *Wodurch konntest Du Deinen Geist schärfen?*
- *Mit welchen Menschen und Gruppierungen bist Du in einen fruchtbaren Austausch getreten?*

Nimm diese besondere Hilfe an! So gestärkt kannst Du den Widrigkeiten des Herbstes trotzen und Dich an seiner Schönheit erfreuen.

Mach Dich frohgemut bereit für die neue Position, die morgen beginnt!

Schlange

Vielseitige Kräfte

Selbstkontrolle Sinnlichkeit Spiritualität

Lässt heroische Taten vollbringen

Geheimnisvoll

Die Lernthemen

Der Herbst ist die Zeit der Wandlung.
Lass belastende Erfahrungen hinter Dir!

Der Herbst ist die Zeit der Abwehr.
Gefühle bringen es auf den Punkt!

Der Herbst ist die Zeit des Loslassens.
Auch starke Gefühle dürfen kommen und wieder gehen!

Der Herbst ist die Zeit der Einsicht.
Begutachte Deine Erfahrungen
von einer Höheren Warte aus!

Energien des Schlangen – Mondes Bildtafel 3

Schlange
CC-BY-SA 3.0
Steffen Papenbroock

Gorse=Stechginster
CC-BA-SA-2.5
I. Denbert

Ackerkratzdistel
CC-BY-SA-3.0
Unported Kallerna

Sumpfkratzdistel
CC-BY-SA-3.0
Uwe Horst Friese

Kohldistel

Nickende Distel

Mariendistel

CC-BY-SA-3.0 Unported Bernd Haynold

Berglorbeer

Public Domain Wouter Hagens

Kugeldistel

Thuja

Esskastanie=Sweet Chestnut

Malachit

Kupfer

Roter Turmalin

24. Oktober

Hast Du nicht selber auch die letzten Tage gespürt, wie uns das übermäßige Grübeln und Nachdenken auf die Dauer erschöpft?!

Das Bedürfnis nach Ruhe und Geborgenheit nimmt zu, je weiter das Jahr voranschreitet. Aber kann es einen solch friedvollen Punkt jetzt im Herbst überhaupt geben, wo sich doch alles im Umbruch befindet?

Heute betreten wir am Medizinrad gemeinsam die Position der Schlange. Nun stehen unsere Gefühle gänzlich im Vordergrund. Falls wir hier keinen Ruhepol finden, werden wir uns sehr verlassen und elend fühlen.

Doch bedenke, Du bist kein kleines Kind mehr! Und Du bist noch nicht zu alt, Dich selbst zu versorgen, ganz im Gegenteil! Der Herbst ist die Zeit des ER-WACHSEN-SEINS, der Reife.

Mach Dir bewusst, dass wir im letzten Vierteljahr unter der geistigen Führung von Mudjekeewis stehen! Seine spirituelle Kraft schenkt uns weit mehr als „irdischen" Beistand. Begib Dich vertrauensvoll in die Arme des hoch aufgerichteten Grizzlybären! Bitte ihn um seine Stärke und heilende Kraft!

Du wirst sie brauchen, jetzt wo die abwechslungsreiche Ballonfahrt des Raben der Vergangenheit angehört und wir dennoch keinen festen Boden unter den Füßen vorfinden. Die Dinge sind in Fluss gekommen.

Verfolge den Tag über die Wandelbarkeit des Wassers! Betrachte die herbstliche Natur und spüre tief in Dich hinein! Mudjekeewis begleitet Dich dabei und schenkt Dir einen aufrechten Gang.

Was berührt Dich, wie empfindest Du?

Ich wünsche Dir offene Sinne!

25. Oktober

Sicher hast Du gestern die vielfältigen Formen des Wassers erleben dürfen. Nicht umsonst nennen die Indianer die zweite Herbstposition den Mond der ersten Fröste. Du hast die Verwandlung mit eigenen Augen beobachtet: vielleicht eine Nebelwand, die Deine Sicht versperrt, an geschützten Stellen der Tau auf den Wiesen, in rauen Gebieten schon Reif, erste dünne Eisschichten auf flachem Gewässer.

Im Lauf des Tages transformiert sich das Feste, es erfolgt der gleitende Übergang zum flüssigen Element. Dies ist die Energie, die uns nun einige Wochen lang begleiten wird.

Verfolge beim Weg zur Arbeit oder beim Spaziergang einfühlsam auch die kleinen Veränderungen des natürlichen Ablaufes!
Das Wasser ist ein Abbild für die Wandelbarkeit Deiner Gefühle.

Lenke jetzt Deine Aufmerksamkeit auf Deinen Körper!
Wo genau spürst Du Deine Gefühle, wie und wo melden sie sich als Erstes:
- *Im Bauch?*
- *Bekommst Du Herzklopfen?*
- *Kopfdruck?*
- *Beginnst Du zu schwitzen?*
- *Zittern Dir die Knie?*
- *Sonstiges?*
- *Wie schnell erfolgt die Veränderung Deiner Stimmungen?*

Bitte male bis morgen ein Energiebild ins Lernheft: Wellenlinien, die von auf- und absteigenden roten Pfeilen durchbrochen werden!

Einen sanften Tag bis morgen!

26. Oktober

Hat Dich die Transformation des Wassers beeindruckt?

Es braucht nur wenige Sekunden Zeit, um der Selbstverständlichkeit lebenslanger Erfahrung zu entfliehen. Wenn Du ein kleines Kind beobachtest, erinnerst Du Dich sofort wieder, was STAUNEN bedeutet.

Kennst Du die Bücher von Masaru Emoto? Gönne Dir einen Blick auf den Zauber der Kristalle, begegne der verborgenen Schönheit eines Wassertropfens!

Lass Dich ein auf das UN-begreifliche, und Du wirst Deinem Herzen wieder nahekommen und Deine Sorgen für den kurzen Augenblick vergessen!

Heißt das, ich nehme Dich und Deine Nöte nicht ernst?

Ganz im Gegenteil! Du darfst DIR begegnen, wie Du wahrhaft bist, ohne dass sich Dein kluger Kopf einmischt. Das hat er in der „Raben"-Zeit lange genug getan!

Taste Dich bei der Betrachtung des „Wasser-Wunders" ganz dicht heran an Dein Gefühl aufflackernder Freude! Gieße das aufkeimende Pflänzlein der Hoffnung und locke Deine ursprünglichen, taufrischen Empfindungen! Lass die Eisschicht schmelzen, die Dich hat starr und trotzig sein lassen! Beobachte, was geschieht!

Teste heute die Verwandlungsfähigkeit Deiner Gefühle!

Wir befinden uns in der Position der Schlange.
Welche Empfindungen werden beim Gedanken an dieses Tier in Dir wach?

Vielleicht machst Du beim Hineinspüren einen schönen Herbstspaziergang!? Anschließend notiere sorgfältig, welche Gefühle in Dir wachgerufen wurden!

Zum Schluss verrate ich Dir, welche Eigenschaften Sun Bear in seinem Medizinrad Praxisbuch dem Schlangensymbol zuordnet: *vielseitige Kräfte, Selbstkontrolle, Sinnlichkeit, Spiritualität, Kraft für heroische Taten, geheimnisvoll ....*

Ich wünsche Dir einen interessanten Tag!

27. Oktober

Welche Gefühle melden sich bei Dir, wenn Du Deinen gestrigen Eintrag liest? Wieviel an Widersprüchlichkeiten verbirgt sich allein in dem Wort *Faszination*, mit dem wir das Phänomen Schlange durchaus gebührend würdigen!

Der Anteil an Gefühlen, der uns verletzlich, ohnmächtig, wütend macht, ist unübersehbar groß! Dies wird augenscheinlich, je mehr wir uns dem Fest Allerheiligen nähern. Die Natur draußen spiegelt uns so manch Unangenehmes, seien es die arbeitsbeschaffenden Blätterberge, die verdorrten Blütenstände, die Nebelschwaden und Wettereintrübungen. Dass die Tage unübersehbar kürzer werden, scheint auch nicht aufmunternd.

Bestimmt nicht einfach, wenn man in diesem Monat geboren ist! Aber auch für uns Übrige steht zweifellos fest: Es braucht zur Zeit Kraft und Mut, tief in sich hinein zu spüren.

Das Symboltier für die Gefühle sind die Frösche, die im Herbst ein eher kaltes, starres Erscheinungsbild abgeben. So schwerlastig und unbeweglich können wir uns die eigene Stimmung vorstellen, wenn wir am alten Frust festhalten und uns auf die sog. Erfahrungen berufen!

Passend dazu hat Sun Bear als Pflanzentotem der Gefühlswelt die Algen ausgewählt. Der Anblick eines veralgten Gewässers wirkt ja wirklich nicht sehr aufmunternd, besonders wenn keine Sonnenstrahlen darauf fallen!

HILFE!!!! Ja, da kommt echte Friedhofsstimmung auf! Bevor Du also losgehst, Deine Gräber zu pflegen, solltest Du Dir die Information der Algen notieren:

Ich nehme den lebendigen, heilenden Fluss meiner Gefühle wahr und öffne mich diesen reinigenden, transformierenden Kräften.

Und nun genieße die frische Luft, egal wie das Wetter heute sein mag!

28. Oktober

Hast Du Dir einen Weg gebahnt durch das modrige Laub oder bist Du gar an einem düsteren, veralgten Tümpel gestanden, um einzutauchen in Dein derzeitiges Seelenleben?

Probiere heute zur Entlastung eine Wasserübertragung, die wir erstmals in der Schneegans - Position eingeübt haben! Mir ist derzeit niemand bekannt, der selbst eine Algen-Essenz anbietet. Umso schöner, wenn Du ein EIGENES Hilfsmittel herstellen kannst!

Schreibe den gestrigen Informationssatz der Algen auf einen Zettel in der Farbe Deiner Wahl!

Halte den Zettel in der linken Hand, ein Glas reines Wasser (ohne Kohlensäure) in der rechten Hand! Während Du aufmerksam das Geschriebene liest und betrachtest, stell Dir vor, wie diese Information durch Deinen linken Arm, Deinen Kopf und Körper, dann durch den rechten Arm direkt in das Wasser fließt! Das dauert 1 – 3 Minuten.

Jetzt kannst Du das „informierte" Wasser schluckweise trinken. Diese Übung machst Du bis zu dreimal täglich. Beobachte einfühlsam, was sich verändert, wenn Du Dein informiertes Wasser getrunken hast! Lass Deine Gefühle, auch Schmerzen und Ängste PRÄSENT sein! Nimm sie als DEIN Geschenk an, auch wenn Dir die Verpackung so wenig gefällt, dass Du fast keine Lust hast, sie zu öffnen!

Solltest Du allerdings unter einer Situation derart stark leiden, dass Du Dich völlig mutlos fühlst, suche Dir jetzt Hilfe bei der Bachblüte Gorse (= Stechginster)!

Auch in ausweglos scheinenden Lagen
erkenne ich einen tieferen Sinn
und vertraue dem Leben.
Von meinem Höheren Selbst geführt
lasse ich meine Widerstände fallen
und nütze die Chance
hin zu positiven Veränderungen.

ALLES LIEBE bis morgen!

29. Oktober

Konntest Du durch die Wasserübertragung Deine Stimmung bereits ein wenig anheben? Oder bist Du so mit der vorbereitenden Grabpflege beschäftigt, dass Dir die Zeit knapp wird und Du Deine düsteren Gedanken mit Geschäftigkeit überspielst?

Wenn Du heute wieder gegen eine Nebelwand anzukämpfen hast, erinnere Dich an die besonderen Momente, wo auf einmal die Sonne durchbricht! Das hast Du sicher schon erlebt: Du fährst durch ein dunkles, völlig vernebeltes Waldstück. Mit einem Mal bahnt sich ein Lichtstrahl durch die verhangenen Zweige und Du bist so überwältigt vom durchschimmernden Geglitzer, dass Du das Schauspiel am liebsten fotografieren möchtest! Voller Andacht bewunderst Du die aufsteigenden Nebelschwaden. Alles erglänzt in fast überirdischem Weiß! Die nasse, schwere Luft, die Dir den Atem abschnürte, wird leicht und steigt sanft nach oben, dem aufgezogenen Himmel entgegen.

Bedenke, ohne den vorangehenden scheinbaren Ärger wäre Dir dieses freudvolle Erlebnis nicht möglich!

Erstelle jetzt bitte eine Liste, wie wir es während der Rabe-Position geübt haben: rechts die „guten, schönen" Gefühle, links die „bedrohlichen" oder „unerwünschten".

Begutachte die notierten Wörter und sei so ehrlich zu Dir wie im vergangenen Monat mithilfe der Königskerze!

Auf welcher Seite steht dasjenige Gefühl, das Dir derzeit am allermeisten entspricht?

Ja ja, es muss nicht immer das angenehmste sein, darf aber! Spür einfach unvoreingenommen hin! Bis morgen früh hast Du bestimmt das momentan zu Dir Passende gefunden.

Einen hoffnungsvollen Tag bis morgen!

30. Oktober

Hast Du den Nebel gestern einmal mit ganz anderen Augen sehen können? Niemals sonst leuchten die herbstlichen Blätter klarer und bunter, als wenn sie der Morgennebel mit seinen nasskalten Fingern berührt hat.

Welches Gefühl Deiner Liste hast Du ausgewählt? Spüre kurz nach innen, was Du empfindest!

Male nun in Deinem Lernheft, und zusätzlich auf einem transportierbaren Zettel, einen großen Kreis und schreibe das ausgewählte Gefühl mitten hinein!

Betrachte im Laufe des Tages immer mal zwischendurch dieses Wort, beobachte die Gefühle, die hochwollen! *Wo im Körper und wie genau spürst Du sie?*

Am Abend folgt Teil 2 Deiner Übung! Falls Du heute Morgen etwas von der „schwierigen“ Seite gewählt hast, darfst Du Dich nun ein wenig entspannen. Für diejenigen, die mit einem „angenehmen“ Gefühl begonnen haben, wird es jetzt anstrengender. (Tja, so kommt halt jeder mal dran!)

Wähle Dir also von der anderen Seite Deiner Liste ein Wort, das Dich besonders anspricht! Schreibe es wie heute Morgen ins Lernheft und auf einen Zettel, male einen Kreis um dieses Wort und beschäftige Dich bis zum Einschlafen mit diesem so absolut anderen Gefühl!

Lass es Dir GUT gehen!! Ich wünsche Dir einen schönen Traum!

31. Oktober

Betrachte die beiden Kreise, die Du in Deinem Lernheft gemalt hast!

Du durftest Dich gestern für zwei völlig unterschiedliche Gefühle entscheiden. Dennoch gibt es eine unsichtbare Brücke zwischen den beiden Wörtern:

Die mentale Energieebene des Raben wurde vollständig abgelöst durch die feinen Herzensschwingungen der Schlange.

Diese Gefühlsverbindung wollen wir heute sichtbar machen! Was ergibt sich, wenn Du die beiden Kreise dicht nebeneinanderlegst? Eine liegende Acht! (Kurzanweisung für alle, die dieses Symbol bisher nicht verwendet haben: Male in die Mitte Deines Blattes einen Punkt, vom Punkt aus im Uhrzeigersinn, also nach rechts oben beginnend einen Kreis! Wenn Du wieder beim Mittelpunkt angekommen bist, male einen Kreis nach links gegen den Uhrzeigersinn! Schon hast Du sie, die liegende Acht!).

Schreibe in die rechte Seite der Acht Dein „gutes“ Gefühl, in die linke Seite Dein „schlechtes“ Gefühl! Fahre die Acht tagsüber nach, so oft Du Zeit dazu findest, am besten mit verschiedenen Farben!

Am Abend erfolgt Teil 2 der Übung.

Male im Lernheft eine neue, sehr große liegende Acht! Schreibe in den linken Kreis das Wort Trauer oder Traurigkeit! Der rechte Kreis der Acht bleibt leer.

Jedes Mal, wenn Du die ganze Acht umfährst, spüre in Dich hinein!

Vielleicht möchtest Du im linken Kreis noch genauer werden, *z. B. tiefe Trauer; Mir ist zum Heulen; Ich bin so unendlich traurig...*

Sei einfach ehrlich und spontan!

Bitte achte heute besonders gut auf Deine Gefühle! Alles Liebe!

1.November

Um aufrichtig zu sein, auf dem Balancierseil hätte ich die gestrige Übung nicht geschafft. Denn im linken Kreis sammelte sich so viel Trauer, dass ich ihn wie ein schwarzes Loch erlebte, das mich nach unten zu ziehen drohte.

Die liegende Acht aber hat mich immer wieder rechtzeitig aus dem Strudel der Traurigkeit gerissen. Vielleicht erging es Dir ebenso?

Das christliche Fest Allerheiligen bietet die Lösung in dem tiefen Wissen, dass unsere Toten im Göttlichen gegenwärtig, anwesend bleiben, dass sie HEIL sind und LETZT-ENDLICH alles GUT wird.

Am Medizinrad findest Du die Antwort in der heilenden Symbolik der Tiere und Pflanzen des Außenkreises, die uns auf dem Weg begleiten, immer den zentralen Stein des Schöpfers, des GROSSEN GEISTES im Blickfeld.

Auf der Position der Schlange erwartet uns ein Angebot unterschiedlicher Distelformen. Lass Dich heute unterstützen von der Kraft der Ackerkratzdistel:

Ich vertraue auf meine Stärke, selbst in den widrigsten Umständen.
Tapfer und zuversichtlich nehme ich
den mir göttlich zugewiesenen Platz ein.
So kann ich meine Existenz immer mehr festigen.

Nachdem Du die Botschaft der Distel notiert hast, stelle Dich Deiner Trauer!

Schreibe in den <u>rechten</u> Abschnitt der gestrigen liegenden Acht den Namen der Person(en), die Du zurzeit am meisten entbehrst!

Während Du nun die liegende Acht nachfährst, achte auf die schönen Gefühle, die Dich mit diesem verloren geglaubten Menschen früher verbunden haben und, wie Du ja spürst, noch immer verbinden!

Du bist nicht allein! Ich wünsche Dir alles GUTE!!

2. November

Im Kalender steht heute Allerseelen. Die Kirche gedenkt der Verstorbenen, die vor den Augen der Menschen noch nicht gänzlich zum HEIL gefunden haben. Vielleicht empfinden wir alle uns mehr oder weniger als unvollkommene, zerrissene Menschen, die von einer VerZWEI-flung in die nächste tappen.

Wie denkwürdig, dass sich die Information des Medizinrades (wieder mal !!!) mit unseren abendländischen christlichen Vorstellungen deckt! Das Medizinrad lehrt uns, immer auf die EINE MITTE zu blicken, sodass uns nichts fehlt und sich alle ZWIE-Spältigkeit auflöst.

Hast Du gestern eine Distel betrachtet? Wie würdest Du sie jetzt im Herbst beschreiben? *Braun, vertrocknet, hässlich?*

Schließe Deine Augen und erblicke eine frische, blühende Kratzdistel in ihrer vollen, wilden Kraft! Bewundere die leuchtend grünen Blattrosetten, die dem erschrockenen Bauern ihren Wuchs ankündigen, die aufragenden Stiele, mit denen Du Dich in Notzeiten ernähren könntest, die wehrhaften Stacheln und die zarten rosafarbenen Blüten! Nähere Dich respektvoll der Distelpflanze, so manch eine verströmt einen herrlichen Duft!

Bitte notiere nun die Information der Sumpfkratzdistel:

Ich lerne, alte behindernde Muster loszulassen.
Angstfrei und unvoreingenommen erlebe ich,
wie Neues in meinem Leben Raum findet.
Dankbar gebe ich mich dem Fluss der Freiheit hin.

Sowohl Ackerkratzdistel- als auch Sumpfkratzdistel-Essenzen gibt es zu kaufen. Du kannst Dir natürlich auch wieder selber eine Wasserübertragung machen. Wähle die besser zu Dir passende Distelart aus und probiere gleich heute, welche Veränderung sich gefühlsmäßig bei Dir einstellt!

Nicht umsonst liegen Blumen auf den Gräbern! Bitte ihre Farben in Dein wundes Herz!

3. November

Sind Dir die Disteln ein wenig nähergekommen, trotz ihrer „Kratzbürstigkeit“? Die Novemberstimmung verführt dazu, sich zu verkriechen und die Augen zu verschließen vor allem, was uns noch mehr in die Tiefe ziehen könnte.

Leider leben viele Menschen in unserer nächsten Umgebung, mit denen Freundschaft und Versöhnung einfach nicht möglich scheint.

Tanke Dich jetzt innerlich noch mal so richtig auf mit Distel-Energie, fühle Deine gewaltigen Abwehrmechanismen, den überbordenden Zwang, Dich zu schützen, und die in Dir schlummernde Bereitschaft, zu verletzen! Werde zur Distel in Reinnatur und begib Dich gedanklich an den Rand des großen Kreises in die Schlangen-Position!

Wenn Du Dich nun auf die Mitte konzentrierst, erblickst Du unweigerlich Dein Gegenüber: den Biber.

Spüre genau hin!

- *Wie geht es Dir mit seiner Geschäftigkeit, mit seinem Realitätssinn, seinem handwerklichen Geschick und seiner geistvollen Kreativität?*
- *Kannst Du ihn akzeptieren?*
- *Was geht Dir gegen den Strich?*
- *Was möchtest Du von ihm lernen?*
- *Was an besonderen Qualitäten hast Du ihm entgegenzusetzen?*
- *Möchtest Du ernsthaft Verbindung mit ihm eingehen?*

Tauchen Dich diese Fragen noch tiefer ein in Deine Trauer? Beklagst Du den Verlust von Personen oder Dingen, die ganz auf Dich zugeschnitten waren, mit denen alles einfach und unkompliziert war? Fürchtest Du Dich vor dem Neuen, Unkontrollierbaren, Fremden, das Dich in der Zukunft erwartet?

Bitte wiederhole nun die Übung von gestern und vorgestern! Male eine liegende Acht und schreibe links wieder das Wort Trauer! Rechts kannst Du Tiere, Situationen oder Dinge eintragen, deren Verlust Du zutiefst beklagst!

Jedes Mal, ehe Du die Acht umfährst, lies Dir Deinen Lieblings-Distel-Satz laut vor!

Lass heute Sonnenstrahlen in Dein Herz scheinen!

4. November

Hat sich bei Dir auch alles innerlich aufgebäumt beim Gedanken an den Tod und die Endlichkeit dessen, was uns verlässlich erschien? Sind Dir die Disteln Trost oder Anklage gegenüber einem bitteren Schicksal?

Zurzeit können wir die widersprüchlichen Gefühle direkt in der Natur besonders gut erspüren.

Nimm auf dem Weg zur Arbeit, zum Einkauf oder beim Spaziergang mit allen Sinnen den dauernden Wechsel wahr:

dichter Nebel, kühle Schattenplätze – verlockende, wärmende Sonnenstrahlen;

fallende Blätter und kahle Bäume – glitzernde Weidenkätzchen, die frischen Kätzchen an Erlen und Haselnusssträuchern und überall Knospen, Knospen, Knospen!

Trauer und Freude!

Besonders deutlich haben wir diese Widersprüchlichkeit bereits beim Symbol der Schlange erfahren. Sie erinnert uns an den Wandel. Ein Verlust, der Herbst, der Tod ist nicht das Ende. Denn die Schlange häutet sich, wirft alte Fesseln ab und erscheint plötzlich in neuer Gestalt, ist ganz anders und doch immer noch die Gleiche!

Wusstest Du, dass Schlangen sich bei der Häutung gegenseitig helfen, sich dabei ineinander verschlingen? Auch wir können uns bei dem Prozess der Neuwerdung unterstützen!

Verbinde Dich, gerade in Deiner Trauer, mit anderen Menschen, die genauso oder ähnlich wie Du leiden! Sobald Du es wagst, ehrlich über Deine schmerzhaften Gefühle zu sprechen, wirst Du sehr rasch „Verbündete“ finden. Löse Deine inneren Verhärtungen, zeige Deine Tränen und gib anderen die Chance, sich in Deiner Gegenwart ebenso entspannt zu öffnen!

Male zu GUTER LETZT noch einmal die liegende Acht, bestehend aus zwei sich verbindenden Schlangen!

Genieße heute beim Laufen den Duft und das Rascheln der gefallenen Blätter!

5. November

Hast Du bereits jemanden gefunden, mit dem Du über Deine Traurigkeit zu sprechen wagst? Je tiefer Du Dich mit Deinen Gefühlen auseinandersetzt, umso leichter wirst Du (nach angemessener Zeit versteht sich!) einen NEUEN Weg gehen dürfen.

Oft vermissen wir den Menschen, den wir verabschieden mussten, deshalb aus tiefstem Herzen, weil er eine Fähigkeit verkörpert, zu der wir selber nur schwer oder gar keinen Zugang finden.

Male in Dein Lernheft eine große liegende Acht! Im linken Kreis steht wieder das Wort Trauer. In den rechten Kreis schreibe bitte mit einem schönen, „besonderen" Farbstift die Eigenschaft, die Du an Dir selber so schmerzlich vermisst! Fahre im Lauf des Tages, so oft Du magst, diese liegende Acht nach, damit sie sich dick und bunt in Dir breitmachen kann!

Je mehr Du Dich mit der bisher gering ausgeprägten Eigenschaft auftankst, desto vollwertiger wirst Du Dich fühlen. So sehr der geliebte Mensch Dir weiterhin fehlen mag, er ist Dir doch nahe, weil er sozusagen IN DIR anwesend bleibt. So erhältst Du die Kraft, Dich Deiner Umwelt als „Unbeschädigtes Ganzes" zu zeigen. Verzichte auf die Opfer-Rolle, die Dich nur weiterhin schwächen würde! Sei ein würdiger Stellvertreter Deines/r geliebten Menschen!

Um das Ganze noch besser zu speichern, lässt Du Dich von der Essenz der Kohldistel anleiten:

Ich fühle mich so sicher,
dass ich mich meinen Mitmenschen zeigen kann,
wie ich wirklich bin.
Indem ich meine vielseitigen sinnlichen und spirituellen Kräfte
zu kontrollieren und machtvoll einzusetzen lerne,
kann ich dem Großen Ganzen dienen.

Alles Liebe bis morgen!

6. November

Wahrscheinlich bist Du überrascht gewesen, wie sanft und unscheinbar sich die Kohldistel neben den übrigen Kratzdistelformen präsentiert. Ihr grünlich gelbes Erscheinungsbild wirkt vergleichsweise vertrauenerweckend und lässt unsere innere Abwehrhaltung dahinschmelzen.

Die leicht giftige Pflanze findet niedrig dosiert in der Kräuterheilkunde Anwendung bei Gicht, Rheuma und Zahnschmerzen. Wir lernen von der Kohldistel, uns zwar gut geschützt, aber doch mit der gebotenen Zurückhaltung nach außen zu wenden. Es geht auch mit weniger Angriffslust!

So entsteht eine wohltuende Harmonie zwischen Innen und Außen, wie wir sie beim Malen der liegenden Acht verspürt haben. Lerne, beim Denken und beim Fühlen immer beide Seiten gelten zu lassen!

Dieser Erkenntnis wollen wir nun bei der Körperübung des Monats nachspüren. Natürlich bietet sich hierbei ebenfalls die liegende Acht an. Sie hilft uns, die widersprüchlichen Gefühle zu vertiefen und zu vereinen.

Stell Dich mit leicht gespreizten Beinen hin, Blick nach vorne! Strecke beide Arme in Brusthöhe nebeneinander nach vorn, sodass sich beide Daumen leicht berühren Male nun die Liegende Acht in die Luft! Beginne mit dem Schwung nach rechts oben! In der Mitte, am Überkreuzpunkt, geht der Schwung weiter nach links oben. Halte den Kopf ruhig, nur Deine Augen folgen den Bewegungen Deiner beiden Daumen!

Diese Übung solltest Du mehrmals hintereinander ausführen, mindestens 5 – 10 Mal vor dem Frühstück, und wenn Du magst, dreimal täglich!

Genieße es, Dich einfach zu bewegen und lass das Denken ruhen!
Viel Spaß dabei!

7. November

Bist Du heute schon in Bewegung gekommen? Nütze den Schwung der liegenden Acht täglich, um Dich geistig und seelisch frisch zu machen! Damit Dein neuer Morgen unbelastet anfangen kann, lege Deine Sorgen, Deine Hoffnungslosigkeit und Verzweiflung in den Kreis, den Du von der Körpermitte aus nach links in die Luft malst! Fülle die rechte Seite mit VORFREUDE, KRAFT und LIEBE!!!

Obwohl die Schlangenposition im Medizinrad die Zeit der starken Gefühle ist, finden wir hier nicht, wie bei den anderen Zeichen, die Unterstützung durch Duftöle oder wohltuenden Geschmack. Anscheinend ist noch niemand auf die Idee gekommen, den seltenen Distelduft zu speichern.

Aber es gibt überraschend viele unterschiedliche Distel-Essenzen. Drei davon haben wir bereits kennengelernt.

Bei der „Nickenden Distel", die wir heute näher betrachten wollen, handelt es sich botanisch gesehen um eine Karde. Uns ist eher wichtig, was sie uns in der Schlangen-Position Gutes zu übermitteln hat.

Erfasse als Erstes die Eigenart dieser Pflanze! Senke den Kopf, genau wie sie!

Was spürst Du?

- *Wehrt sich in Dir etwas gegen die Bewegung?*
- *Fühlst Du Dich „gedemütigt"?*
- *Vor was, vor wem würdest Du Dich auf keinen Fall verneigen wollen?*

Und nun hebe wieder den Kopf! Genieße die aufrechte Position, die Kraft, die augenblicklich von den Füßen aus in die Höhe strömt! Erlebe den gesunden Stolz, DU SELBST sein zu dürfen!

Notiere bitte die Information der Nickenden Distel in Deinem Lernheft:

Ich vertraue auf meine eigene Stärke
und nehme jetzt meinen rechtmäßigen Platz ein.

Ich wünsche Dir einen WUNDER-vollen Tag!

8. November

Hast Du gestern ernsthaft ausprobiert, was es wirklich für Dich bedeutet, JA zu sagen?

*JA zu den Widrigkeiten des Lebens!

*JA zu Deinen eigenen Schwächen!

*JA zu den Menschen, die Dich verletzt haben!

Spüre noch einmal innerlich nach und senke den Kopf! Hast Du das Bild der Nickenden Distel vor Augen behalten, Stiel und Blätter dornig bewehrt und doch nachgiebig gebogen, die mächtige purpurne Blüte der Erde zugewandt?! Kannst Du die Wirkung auf allen Energie-Ebenen wahrnehmen?

Um die eigene Stärke zu finden, dürfen wir loslassen, was uns bremst. Am meisten behindern uns die verdrängten, sprich nicht zugänglichen Gefühle.

Male wieder eine große liegende Acht in Dein Lernheft! Schreibe in den linken Kreis das Wort Schuldgefühle (Probiere es bitte auch, wenn Du wirklich keine zu haben meinst!). In den rechten Kreis notierst Du mit Deinem schönsten, „besonderen“ Stift das Wort Vergebung.

Spüre genau hin und beobachte Dich, wenn Du heute diese liegende Acht nachfährst! Ich bin sicher, es wird sich überaus GUT anfühlen!

Alles Liebe für Dich!

9. November

Spürst Du die Veränderungen, die Dein Leben, wenn auch in kleinen Schrittchen, schöner und bunter machen?

Je mehr wir uns auf das Thema Ver-GEB-ung einlassen, desto leichter wird unser Weg. Sobald Du aufhörst, einem anderen oder Dir selbst in irgendeiner Form Schuld zuzuweisen, befreist Du Dich von den schweren Ketten der Vergangenheit! Nur wenn Du Dich von altem Gepäck trennst, Deine zentnerschweren Steine ausräumst und den ganzen Schutt abzuladen bereit bist, kannst Du Dein Bündel neu schnüren, dieses Mal aber leicht und zweckmäßig!

Schau zurück auf die unnütze Last!

Was hat sie Dir eingebracht außer Tränen, Zorn und Missmut?! Wer oder was könnte Dich noch daran hindern, einfach loszulassen?! Schaffe Platz für Deine schöne neue Freiheit!

Betrachte heute beim Spazierengehen die Pflänzchen, die neu aus dem herbstlichen Boden sprießen, Gänseblümchen, sogar Löwenzahn, und ja, jede Menge kleiner Distelpflanzen!

Erfreue Dich am königlichen Anblick der Kugeldistel! Konzentriere Dich mit Deinem ganzen Sein auf das, was sie Dir mitzuteilen hat:

Ich erkenne, dass mir weder im Außen noch im Innen
irgendetwas fremd ist.
Ich darf mich nach allen Seiten hin aufmachen
und diene dem großen Einssein.

Ist nicht diese Botschaft die Auflösung für sämtliche Schuldzuweisungen dieser Welt?

Schreibe Dir diese Sätze in Dein Lernheft und in Dein offenes Herz!

Ich wünsche Dir einen Tag voller Freude!

10. November

Sicher hast Du es gestern wieder gespürt: Wir lernen jeden Tag mehr, uns unseren tiefsten, stärksten Gefühlen zu stellen.

Jetzt im Herbst, wo sich die Blätter in ihrer größtmöglichen Vielfalt von uns verabschieden, sind wir für Farben besonders empfänglich. Nützen wir also die heilsamen Schwingungen, um unser wundes Herz ganz ausheilen zu lassen.

Was liebst Du am meisten: Rot? Gelb? Grün? Orange? Das erdige Braun?

So gestärkt bist Du bereit für die heutige Aufgabe:

Nimm Dir Deine täglichen fünf Minuten, um mit Deinem Inneren Kind Kontakt aufzunehmen! Setze Dich gemütlich hin, schließe die Augen und male Dir ein hübsches, geschütztes Plätzchen aus: *im Wald? im Gebirge? am Meer?*

Baue Dir hier einen Platz zum Ausruhen: *ein Häuschen? eine Höhle? eine Gartenlaube?* Ganz wie es Dir gefällt!

Schütze diesen Platz *mit einem Zaun? einer hohen Mauer? einer Dornenhecke? mit geliebten Menschen?* Du sollst Dich ganz sicher und geborgen fühlen!

Und nun rufe Dein Inneres Kind beim Namen, genau so, wie Du früher genannt wurdest! Verwende Deinen Kosenamen!

Betrachte das kleine Kind, das sich bei Dir zeigt, frage, wie alt es ist und was es sich heute von Dir wünscht, *vielleicht schaukeln? auf dem Schoß sitzen? gestreichelt werden? ein lustiges Spiel spielen?*

Erfülle ihm jetzt diesen Wunsch, freut Euch miteinander! Zum Abschied bedanke Dich dafür, dass es Dich besucht hat und versprich ihm, morgen wieder an der gleichen Stelle auf es zu warten!

Auch ich wünsche EUCH BEIDEN alles Liebe bis zum morgigen Tag!

11. November

Wie ist das gestrige Treffen mit Deinem „Inneren Kind“ verlaufen? Wie habt Ihr zwei Euch GEFÜHLT?

Bitte wühlt miteinander nicht allzu sehr in der Vergangenheit! Genießt Eure Zusammenkunft JETZT in der Gegenwart, schnuppert die duftende Herbstluft, tanzt mit den wirbelnden Blättern! Lasst FREUDE aufkommen!

Wenn Dich das Kleine in Dir hartnäckig an vergangene, schwere Zeiten erinnert und anfangen will, Gott und die Welt anzuklagen, begib Dich zu einer der vielen Thujapflanzen, die unsere Gärten und Friedhöfe bevölkern. Sie heißen auch LEBENS-Bäume, welch eindrucksvoller Name! Berühre das fremdartige Gehölz, streiche mit der Hand über die zarten immergrünen Nadeln! Schließe Freundschaft mit Gott und mit dem Leben! Ergründe Deine eigene innere Stärke!

Bitte notiere die zugehörige Information in Deinem Lernheft:
Ich sammle alle Kräfte in mir.
Scharfsichtig erkenne ich meine höhere innere Wahrheit,
lerne meine Energien zu kontrollieren und nütze meine Macht,
um Veränderungen herbeizuführen.

Spüre Deinen Gefühlen nach, die aus der Tiefe ans Licht treten, gefärbt von den Farben der Vergänglichkeit und doch so sehr voller HOFFNUNG!

Um diese Erfahrungen noch nachhaltiger zu speichern, setze nun folgende Heilsteine auf Deine Einkaufs- oder Finde-Liste: Malachit, Kupfer, roter Turmalin. Vielleicht kannst Du Dir auch den passenden Stein bei Freunden ausleihen oder im Buch (S. 49) betrachten, um die richtige Wahl für Dich zu treffen.

Einen hoffnungsvollen Tag bis morgen!

12. November

Hast Du den Lebensbaum „berührt“? Wie geht es Deinem Inneren Kind mit dieser neuen Erfahrung?

Bitte wiederhole die Übung von vorgestern! Falls Du eine derartige Aufgabe „komisch“ oder zu schwierig findest, wende Dich bitte an gute Freunde oder Therapeuten, die Dir helfen, die Übung auf Deine Bedürfnisse hin etwas abzuändern oder zu erleichtern!

Wenn Du heute in Euren Schutzraum gehst und Dein kleines Seelenkind besuchst, solltest Du ihm sehr aufmerksam begegnen! Betrachte es liebevoll! Vielleicht kommt es Dir heute etwas älter vor?

Diesmal soll Dir Dein Kleines erzählen, wann es einmal sehr traurig war. Es genügt, wenn Du ihm freundlich zuhörst. Dann biete ihm einige schöne, weiche Stoffbälle zur Auswahl an: einen roten, einen orangen, einen gelben, einen grünen und einen blauen Ball! Das kleine Kind darf entscheiden, welchen „Trost“-Ball es haben möchte.

Wenn es den Ball genügend lang geknuddelt hat, könnt ihr ein wenig hin- und herwerfen, Kopfball, Fußball, wie es Euch Freude macht.

Nach dieser Übung male Dir bitte den ausgewählten farbigen Ball groß in Dein Lernheft!

Es darf Spaß machen!!!

Begib Dich nun in Deinem Umfeld auf die Suche nach Eurer ausgewählten Farbe! Vielleicht findest Du einen passenden Schal, ein paar Socken oder den geeigneten Pullover? Freu Dich schon mal darauf, Dich morgen mit diesem Kleidungsstück zu schmücken!

Alles GUTE Euch zwei beiden!!

13. November

Betrachte den farbigen Ball, den Du gemalt hast! Bewundere Dich im Spiegel mit dem bunten „Farbtupfer“ aus Deiner Garderobe!

Farben sagen eine Menge über innere Stimmungen und Gefühle aus. Bitte schau im Anhang 1 bei den Chakren-Stationen nach, was die gewählte Farbe mit Deinem eigenen inneren Kind zu tun hat! Du findest bei Station 1 die Farbe Rot, bei Station 2 die Farbe Orange, bei der dritten Station die Farbe Gelb, bei Station 4 die Farbe Grün und bei Station 5 die Farbe Blau. Lies den bei Deiner Station stehenden Satz des Inneren Kindes aufmerksam und mitfühlend durch!

- *Ich bin eins mit allem.*
- *Ich sehe dich und achte dich.*
- *Ich bin ich und bestimme selbst.*
- *Ich tauche ein in die göttliche Liebe.*
- *Ich bin frei, mich und meine Gaben zu zeigen.*

Schreibe die ausgewählten Worte in Dein Lernheft!

Zum Schluss betrachte das Bild des Berglorbeers!
Die zartrosa gefärbten, glatten Blüten laden regelrecht dazu ein, berührt zu werden. Lass Dich heute selbst berühren!

Das Zeichen der Schlange, so tiefgründig, so bedrohlich es im ersten Ansehen erscheinen mag, birgt heilende Kräfte, die uns aus Zerrissenheit und Ver-ZWEI-flung entlassen hin zu einer lebendig machenden GANZ-heit. Die Ausheilung des frühen Schmerzes Deiner Kindheit ist ein unabdingbarer Schritt.

Gehe sanft begleitet durch diesen heutigen Tag!

14. November

Wie fühlt sich die Arbeit mit Deinem Inneren Kind mittlerweile für Dich an? Darfst Du die Fortschritte genießen? Erlebst Du ein bisschen mehr Lebensfreude und Farbe im grauen Alltag? Erwärmen die Frösche, die sich am dunklen Teich verborgen hielten, noch einmal die erstarrten Glieder an den Strahlen der sanften herbstlichen Sonne?

Je mehr wir unser inneres Kind ins Herz schließen und es an der Hand führen hinaus in die große Freiheit des Lebens, desto schneller löst sich der Schrei von Klage und Anklage auf. Wo es keine Schuldigen gibt und keine Täter, muss niemand mehr die Rolle des Opfers erdulden.

Ich höre bereits Deinen Widerspruch. Auch in mir bäumt sich alles auf, wenn ich an die Gewalt denke, an Unrecht und Leid, die geschehen sind und täglich passieren. Nicht was da geschieht, heiße ich gut, aber ich GLAUBE unverbrüchlich, dass GUTES WIRD AUS ALLEM, dass HOFFNUNG kein leeres Wort ist!

Verkrieche Dich nicht im erlittenen Leid! Komme heraus ans Licht und leiste DEINEN Beitrag! Die Kraft dazu findest Du, wenn Du das Medizinrad ganz abschreitest, den Blick zur Mitte allen Seins ....

Betrachte noch einmal den Berglorbeer, mit den liebevollen, weit offenen Augen des unschuldigen Kindes, das immer noch in Dir wohnt! Notiere die heilenden Sätze:

Ich entwickle Anpassungsfähigkeit und Mitgefühl.
Von höherer Macht geschützt kann ich mich
meinen weiblichen, sinnlichen Kräften öffnen
und meine heilenden Fähigkeiten
zu unserem gemeinsamen Wohl einfließen lassen.

Geh hinaus in den Herbstwind! Lass Dich tragen von den Flügeln der Hoffnung!

15. November

Hast Du Dich vom Berglorbeer trösten lassen, sodass Du innerlich ein wenig mehr zur Ruhe kommst?

Der November ist nicht nur die Zeit des Nebels und des Absterbens. Zuweilen gibt es in den empfindlich kühlen Nächten einen wunderbar strahlenden Sternenhimmel, am Tag die aufscheinenden Momente der Freude, wenn die Sonne durchbricht!

Wage Dich endlich wieder heraus aus dem Schneckenhaus Deiner Enttäuschungen und Bitterkeit! Dein inneres Heilwerden bewirkt, dass Deine Sinne sich öffnen, dass Deine Dir angeborene wilde SINN-lichkeit an die Oberfläche drängt. Du brauchst es nur einfach zuzulassen! Genieße den Zauber Deiner weiblichen Anteile!

So bereitet es Dir sicher Vergnügen, Dich mit Deinem inzwischen gekauften oder ausgeliehenen Heilstein des Monats zu beschäftigen.

Ersatzweise nimm bitte einen anderen Heilstein, den Du zur Hand hast! (Wenn Du keinen Stein finden kannst, lege Dir ein farbiges Blatt Papier Deiner Wahl auf das Nachtkästchen und stelle ein Glas stilles Wasser darauf!)

Als Erstes solltest Du Deinen Stein reinigen!

Den roten Turmalin kannst Du einfach unter lauwarmem fließenden Wasser abwaschen. Die anderen Steine sollten über Nacht zwischen Hämatit-Trommelsteine gelegt werden. Falls Du diese nicht zur Verfügung hast, lege die Steine in eine Schale mit Meersalz!

Stelle den so vorbereiteten Stein auf Dein Nachtkästchen! Beim Einschlafen bitte Dein Inneres Kind zu Dir, zeige ihm den Stein (oder das farbige Blatt) und nun sprecht zusammen die gestern notierten Sätze des Berglorbeers!

Achte bitte heute Nacht besonders genau auf Deine Träume!

Ich wünsche Dir viele sinnenfrohe Stunden!

16. November

Hast Du schön geträumt? Fühlst Du Dich WOHL in Deiner Haut? Bleibe einfach weiterhin den „schönen" Erfahrungen auf der Spur!

Heute solltest Du den Malachit untertags zwischen ein paar Bergkristalle legen, die anderen Steine dürfen zum Aufladen ein wenig an der Sonne liegen. (Falls Du das Glas Wasser aufgestellt hast, trinke es bitte jetzt leer! Heute Abend stellst Du Dir ein neues bereit.)

Auch wenn Du Dich für nur einen Heilstein entschieden hast, sind doch alle drei Steine für Dich bedeutsam.

Wir beginnen mit der Information des Malachits, der zusammen mit Kupfer in dieser Zeit der ersten Fröste besonders wirkungsvoll ist. *Der Malachit schenkt Ausgeglichenheit und Lebensfreude, Mitgefühl und Verständnis. Er hilft uns krankmachende Lebens- und Ernährungsweisen erkennen und abstellen.*

Erinnerst Du Dich? Im Winter sind wir diesem Stein (kombiniert mit dem Azurit) auf der Position des Otters schon einmal begegnet. Was hat sich nicht alles in den vergangenen Monaten, was noch mehr im Laufe Deines ganzen Lebens, verändert!

Bitte nimm Dir heute Zeit, ein Fotoalbum herauszusuchen und Deine frühen Kindheitsbilder zu betrachten! Solltest Du wirklich keine besitzen, schau Dir Kinderfotos Deiner eigenen Kinder oder Enkel an, notfalls beobachte kleine Nachbarskinder vor dem Haus!

Erinnere Dich genau! Ist früher auf der materiellen Ebene genügend gut für Dich gesorgt worden: *Essen, Kleidung, warmes Zuhause?*

Wenn ja, schreibe einen kleinen Satz der Dankbarkeit in Dein Lernheft!
Wenn nein, schreibe: *Ich hätte mir manchmal gewünscht ...*

Bitte genieße heute irgendeine Lieblingsspeise mit all Deinen Sinnen!

17. November

Fühlst Du Dich von Deinem Heilstein besonders nachts gut begleitet? Hast Du daran gedacht, Deinen aufgeladenen Stein wieder neben Dein Kopfkissen zu legen? (Oder ist ersatzweise wieder die Zeit, Dein Glas Wasser zu trinken?)

Solltest Du Dich die nächsten Tage an einen Traum erinnern, notiere ihn bitte in Deinem Lernheft! Oft bringen uns schon kleine Traum-Bruchstücke für unser Gefühlsleben einen großen Schritt weiter!

Heute bekommst die Du die Information für das Metall Kupfer: Kupfer schenkt Mut und die Kraft, Entscheidungen zu treffen. Es löst Knoten und Blockaden, von denen wir uns bisher nicht zu befreien wagten.

Nimm noch mal die Kinderbilder von gestern zur Hand oder schließe die Augen, um Dich genau zu erinnern!

Gab es in Deiner Kindheit Situationen, die für Dich schwierig, nahezu unlösbar erschienen?

Spüre jetzt tief in Dich hinein!

Welche der damaligen Bezugspersonen war besonders hilfreich, sozusagen lebensrettend für Dich: *Vater, Mutter, Geschwister, Großeltern, eine Tante, ein Lehrer?*

Male im Lernheft ein Herz und schreibe mitten hinein den Namen der Person, der Du am allermeisten danken möchtest, dafür, dass sie Dich geliebt hat, dafür, dass sie einfach da war!

Ich wünsche Dir einen wunderschönen Traum!

18. November

Durftest Du Dich an schöne Zeiten erinnern? Oder wenigstens an einen einzelnen glücklichen Moment in Deinem Leben?

Aus purer Vorsichtsmaßnahme neigt der Kopf dazu, immer nur das Schlechte groß zu malen und das GUTE verschwimmt im Hintergrund wie im Nebel. Es ist Zeit, den Schleier aufzuziehen! Du hast die Erlaubnis dazu!!

Falls Du als Deinen Monatsstein den roten Turmalin gewählt hast, musstest Du etwas länger warten. Heute kommt die Information: Der rote Turmalin schenkt Liebe, Freundschaft, Glück und Fröhlichkeit. Er hilft uns, Blockaden und schmerzhafte Erfahrungen loszulassen und lässt uns, ähnlich wie die Disteln, zu unserer Sensibilität stehen. Wir brauchen keine künstlichen starren Mauern mehr!

Alle drei bisher besprochenen Heilsteine sind dem vierten Chakra zugeordnet. Bitte betrachte heute im Anhang „Chakren - Stationen" das Bild der vierten Station! Hier erlebt Dein Inneres Kind die Macht der Liebe und der Vergebung. Höre auf sein Versprechen an Dich: **Ich tauche ein in die göttliche Liebe.**

Sanft, zärtlich und heilend begleiten uns hierbei die Erzengel Haniel und Raphael. Notiere Dir ihre Namen in Deinem Lernheft! Ihre heilende Schwingung wird Dir helfen, schlimme Kindheitserfahrungen umzuwandeln und allmählich hinter Dir zu lassen.

Ab heute trage den von Dir ausgewählten Stein für die nächsten Tage immer bei Dir, z. B. in der Hosen- oder Brusttasche, abends lege ihn neben Dein Kopfkissen!

Besorge Dir bis zum Samstag ein paar Maronen = Esskastanien (im Bioladen gibt es sie auch einzeln zu kaufen)!

Ich wünsche Dir viele hoffnungsvolle Ausblicke!

19. November

Hast Du gut und tief geschlafen? Konntest Du ein Stück weit Deine Träume bewahren? Was erzählen sie Dir über Deine momentane Befindlichkeit?

Fast vier Wochen lang haben wir uns jetzt mit unseren Gefühlen beschäftigt. Wirklich mit allen?

Bestimmt gibt es auch bei Dir Bereiche, die im Dunklen verborgen bleiben, weil sie einfach zu schmerzhaft sind, um gesehen zu werden. Lies Dir die folgende kleine Auswahl an Begriffen einfach durch, ohne sie zu bewerten: *Trauer, Angst, Ohnmacht, Verbitterung, Wut, Neid, Rachsucht, Einsamkeit, Verlorenheit, Hoffnungslosigkeit, Resignation und und und ...*

Bitte nimm Deinen ausgewählten Heilstein zur Hand, setze Dich bequem hin und schließe die Augen! Stelle Dir vor, Du befindest Dich in einem Kreis aus lauter Steinen!

Jetzt rufe Dein Inneres Kind zu Dir in diesen heilenden Kreis! Ihr schaut auf einen Teich, wo im Sommer die Seerosen geblüht haben. Heute sieht er recht dunkel aus, bald werden sich hier die ersten Eisschichten gebildet haben. Aber es sind noch ein paar alte Seerosenblätter zu entdecken.

Hebe vorsichtig eines der Blätter auf und betrachte, welches Gefühl sich darunter verbirgt. Du und Dein kleines Kind, schaut einfach hin, atmet gemeinsam tief und gelassen! Es geht euch beiden gut, ihr seid durch die Steine geschützt.

Bald wird die späte Herbstsonne hinter den Wolken hervorkommen. Wärmt euch an ihren Strahlen! Drücke Dein Kind ganz fest und warm ans Herz! Verabschiede Dich!

Bitte schreibe den Namen des Gefühles, dem Du gerade begegnet bist, in Dein Lernheft!

Sei gut beschützt an diesem Tag!

20. November

Bist Du gestern Gefühlen begegnet, mit denen Du lieber nichts zu tun haben möchtest?

Um hier wirklich tief einzusteigen, braucht es oft eine gute, liebevolle Unterstützung. Du musst nicht alles alleine schaffen!

Das Medizinrad ist ein heilender Kreis. Er stellt Dir Hilfsmittel zur Verfügung, weist Dich darauf hin, dass Du auf Deiner Lebenswanderung niemals alleine bist, und zeigt Dir das Übermaß von Fähigkeiten und Stärken, mit denen Du gesegnet bist. Auch Sanft-MUT und De-MUT gehören dazu. Lass Dich begleiten, wann immer es sich für Dich GUT und NOT-WENDIG anfühlt!

Betrachte heute als letzte der vielen Distelarten im Monat der Schlange die Mariendistel, ihre gestreiften wehrhaften Blätter, die zarte Blüte!

Vielleicht gibt Dir die Information der Mariendistel eine kleine Hilfestellung auf Deinem sicher manchmal schweren, schmerzhaften Weg:

Ich werde mir bewusst,
welchen Sinn meine eigene Existenz hat
und festige sie.
Ich finde Zugang zu meiner eigenen inneren Stärke.

Bitte notiere diesen Satz in Deinem Lernheft!

Oft wirken die Informationen noch besser, wenn man die Pflanzen auch dem Körper direkt zuführt. In der Naturheilkunde finden die Samen der Mariendistel Verwendung bei Leber–Galle-Verdauungsbeschwerden und Krampfadern.

Denke bitte noch einmal daran, ein paar Esskastanien zu besorgen!

Von Herzen alles Liebe bis morgen!

21. November

Hast Du den mütterlichen, heilenden Schutz der MARIEN-Distel erfahren dürfen? Das Weibliche in uns ist eine so starke, lebensspendende Kraft! Falls sie tief in uns verschüttet bleibt, beginnt sie zu faulen und zu gären. Doch wenn Du es schaffst, sie ans Licht zu bringen, ist dies wie eine Neugeburt.

Du spürst, wie es uns vorwärtsdrängt. Es ist Zeit, sich vom Alten zu verabschieden. Heute verlassen wir die Position der Schlange.

Nimm die Esskastanie in die Hand! Sie setzt ein letztes Mal Zeichen für all die durchlebten Gefühlsmomente der vergangenen Wochen.

Betrachte zunächst den exotisch anmutenden Baum mit den riesigen Blättern und seinen steif aufgereckten schmalen Blüten!

Und nun sieh die Frucht in Deiner Hand! Welch ein Unterschied zu der Walnuss, die wir vor vier Wochen verspeist haben!

Die Schale scheint stabil, sie ist glatt und lässt äußere Einflüsse einfach abgleiten. In Wirklichkeit ist sie sehr dünn und verletzlich. Der Kern im Inneren fühlt sich hart an, ist völlig geruchlos und macht keinen einladenden Eindruck. Erst beim Rösten, in Verbindung mit dem Element Feuer wird er genießbar, duftend und lecker.

Ähnlich ist es mit vielen unserer Gefühle, die sich versteckt halten, weil sie für uns unannehmbar erscheinen. Es braucht eine Kraft von außen, den Blick aus Höherer Warte, um sie umarmen zu können, um mit Gott Frieden zu schließen und selbst Verantwortung zu übernehmen. So weist die Esskastanie (Bach-Blüte Sweet Chestnut) schon auf die morgen beginnende neue Medizinrad-Position hin.

Bitte schreibe ihre Information in Dein Lernheft:

Indem ich mir meiner Fähigkeit,
Kontakt zu den höheren Mächten aufzunehmen
und meiner Kraft zur Transformation bewusst werde,
kann ich auch in tiefster Verzweiflung
und in ausweglosen Situationen
das Licht der Erlösung sehen und Frieden finden.

Sei gut begleitet bis morgen!

Mond des langen Schnees

Wapiti

Königliches Wesen

Entschlossenheit Zuversicht Verantwortung

Du lehrst uns Spiritualität

Furchtlos

Die Lernthemen

Der Herbst ist die Zeit des Übergangs.
Lass die fortschreitenden Veränderungen einfach geschehen!

Der Herbst ist die Zeit der Rückschau.
Hole Dir neue Kraft aus allem, was war!

Der Herbst ist die Zeit der Erwartung.
Nutze den stetigen Wandel,
Deinen Blick nach vorne zu lenken und wachsam zu sein!

Der Herbst ist die Zeit der Transformation.
Mache Dich bereit für die Kraft, die Dich verwandeln wird!

Wapiti

Rock Rose=Sonnenröschen

Schwarzfichte

Blautanne

Haselnuss

Beinwell

Impatiens=Springkraut

Wintergrün

Vine=Weinrebe

Regenbogenobsidian

Apachenträne

Pyrit

22. November

Wenn Du gestern ein paar Maronen geröstet hast, konntest Du bereits einen kleinen Vorgeschmack auf das ab heute vorherrschende Feuerelement erhaschen.

Schau aus Deinem Fenster und betrachte die Natur!

Wie durch Magie dürfen wir heute die Veränderungen bestaunen, die sich am Medizinrad abzeichnen: gestern noch der Mond der ersten Fröste mit seinen Gefühlsschwankungen, nun die Position „des langen Schnees“. Du kannst die Energie, die von heute an alles durchzieht, draußen förmlich sehen, riechen und spüren. Egal wie sich das Wetter präsentieren mag, egal welche Temperaturen wir ablesen, die Vorahnung von Schnee und Kälte liegt bereits in der Luft!

Berühre die feuchtkalte Rinde eines Baumes, schlurfe mit den Füßen aufmerksam durch das schon welk gewordene Laub oder tauche ein in die Weite des Sternenhimmels!

Du fühlst Dich getragen von Mudjekeewis, dem gewaltigen Grizzlybären, der Dich durch die beiden vergangenen Monate begleitet hat hierher zum Mond des Langen Schnees. Noch nie hast Du Mudjekeewis so hoch aufgerichtet und kraftvoll erfahren, noch nie hast Du seine Nähe so schmerzlich ersehnt wie an diesem besonderen Tag des Spätherbstes, wo Du die letzte Position des Medizinrades betrittst.

Begegne dieser Kraft draußen in der Natur! Nimm mit Deinen ganzen Sinnen wahr, wie die aufschäumende Feuerkraft sich im gegenwärtigen Augenblick bändigt!

Ich wünsche Dir Ruhe inmitten der Bewegung!

23. November

Bist Du dem Grizzly begegnet, draußen im Freien, vielleicht auch in Deinen Träumen? Kannst Du seine Kraft tief in Dir wahrnehmen? Räume ihm genügend Platz ein in Deinem Leben, damit Du gerüstet bist für die letzte Wegstrecke, die vor Dir liegt!

Vielleicht bist Du selber noch jung? Doch ein Teil von Dir kennt bereits den Prozess des Alterns, des unaufhaltsamen Loslassens.

Betrachte Menschen, die die Mitte des Lebens überschritten, die scheinbar alles erreicht haben! Schau auf die Älteren! Wie sehr beweisen sie Stärke. Langsam und bedächtig bewegen sie sich, Stützen akzeptierend, oft den Platz der Ruhe suchend, manchmal sinnend und träumend. Und doch schreiten sie unaufhaltsam voran.

Begib Dich auf einen sehr gemächlichen Spaziergang!

Danach nütze fünf Seelenminuten für eine kleine Meditation! Setze Dich bequem hin, schließe die Augen und spüre dem Weg nach, den Du gerade gegangen bist. Sprich innerlich die Worte:

Langer Schnee - langer Schnee – langer Schnee ....

Mehr braucht es nicht. Erlebe die Einfachheit und Klarheit der Energie, die Dich durchströmt!

Zum Schluss schreibe bitte die Worte „Langer Schnee“ in Dein Lernheft und male außen herum einen Kreis!

Atme die Weisheit des alten Menschen!

24. November

Wie ist es Dir gestern ergangen? Alles KLAR bei Dir?

Heute probieren wir eine Laufmeditation. Suche Dir einen ungestörten Ort! Stelle Dich aufrecht hin und schließe die Augen! Beginne in einem langsamen Rhythmus auf der Stelle zu gehen:

„Eins - zwei - drei - vier“ und sprich in Gedanken:
„Lan - ger - Schnee - eeee“
Und immer wieder: *„Lan - ger - Schnee - eeee“*

Setze die Füße kraftvoll und ausdauernd auf, ganz in Deinem persönlichen Tempo! (Wenn Du beim Spaziergang eine ruhige Strecke kennst, kannst Du auch beim Laufen so meditieren).

Diese Übung will ruhig und fließend ausgeführt werden, nur solange es Freude macht. Beobachte die inneren Bilder, die aufsteigen! Wer ist es, der da läuft: *ein Mann, ein Kind, eine Frau, eine ganze Gruppe, Junge, Uralte oder Heranwachsende?*

Zum Abschluss schreibe in Deinem Lernheft ganz unten auf der neuen Seite: *„Langer Schnee“!* Nimm Deinen besonderen „schönen“ Stift und male einen geraden Pfeil nach oben, einen zweiten Pfeil schräg von links unten nach oben und einen Pfeil schräg von rechts unten nach oben, so dass sich alle drei Pfeile in der Mitte zu einer Spitze treffen!

Heute vor dem Einschlafen spüre der Laufübung nach, betrachte die Bilder, die hochkommen, bis in den Schlaf!

Ich wünsche Dir schöne Träume!

25. November

Bist Du im Traum durch den endlosen Schnee gewandert?

Vergleiche bitte die Energiebilder, die Du gestern und vorgestern im Lernheft gezeichnet hast! Was spricht Dich gegenwärtig mehr an: der geschlossene Kreis oder die Pfeile?

Es wäre nicht verwunderlich, wenn Du Dich auf die zielgerichtete, kraftvolle Energie der Pfeile noch nicht recht einlassen magst.

Da uns der Kalender täglich daran erinnert, dass immer noch Herbst ist, kann die Begegnung mit Schnee und winterlicher Kälte ganz schön zu schaffen machen.

Außerdem war das Erleben unserer tiefsten Gefühle auf der Position der Schlange so intensiv, dass sich das Loslassen nicht immer leicht anfühlt.

Um den langen, weiten Weg Richtung Winter zu gehen, brauchst Du Kraft. Pflastersteine im Rucksack behindern nur.

Schließe Deine Augen. Packe alle noch unerledigten Gefühle zu einem großen Bündel zusammen, sprich ein Segensgebet und übergib dieses schwere Gepäck Deinen himmlischen Begleitern! Spüre, wie die innerliche Lähmung von Dir weicht!

Male jetzt im Lernheft am unteren Rand einen Kreis! Da hinein schreibst Du das Wort „Gefühle“ (oder noch genauer: *Wut, Trauer, Angst ...)!* Zeichne vom Kreis aus einen großen Pfeil nach oben!

DU BIST FREI!

Geh in die Kälte, genieße Wind, Sonne, Regen, Schnee, was immer Dich erwartet!!

Ich wünsche Dir Kraft und Mut!

26. November

Spürst Du bei Deinen Spaziergängen die Veränderung, selbst wenn es zurzeit für einen November ungewöhnlich warm sein sollte? Die Veränderung findet IN DIR statt!

Gedanken flattern, sie kommen und gehen, wie sie wollen. Gefühle überfluten uns, ohne dass wir sie groß steuern können. Die aktuell wirksame Energie hingegen lässt sich steuern, sie unterliegt unserer Willenskraft. Wir allein entscheiden, ob wir im warmen Zimmer sitzen oder ob wir hinausgehen in Wind und Kälte.

Lass Dich zunächst ein wenig von der Bachblüte Rock Rose (= Gelbes Sonnenröschen) begleiten:

Mutig und entschlossen stelle ich mich meinen Ängsten.
Ich bin mir der Widrigkeiten des Lebens,
Krankheit und Tod bewusst.
Sanft und stark zugleich nehme ich
die Herausforderung an
und begegne zuversichtlich
den Widersprüchen des Seins.

Danach hole Dir Unterstützung beim Wapiti, einem besonders eindrucksvollen Krafttier des Medizinrades! Du findest sein Bild auf Bildtafel 4. Nimm mit diesem gewaltigen, energiegeladenen Hirsch einen inneren Kontakt auf!

Mich beeindruckt am meisten die Vorstellung, wie ein ganzes Wapiti-Rudel über Land zieht. Wenn sie durch den tiefen Schnee stapfen, ist nur eine einzige Spur zu sehen. Ein Hirsch geht kraftvoll voran und bahnt den anderen den Weg. Dabei wechseln sich alle gegenseitig ab, jeder dient der ganzen Gemeinschaft, soviel und solange es seiner Kraft entspricht.

Achte auf Deine Träume!

Ich wünsche Dir Offenheit für neue Sichtweisen!

27. November

Was alles konntest Du über den Wapiti in Erfahrung bringen? Hast Du seinen mächtigen Körper bewundert, das ausladende Geweih, die Schnelligkeit seiner Bewegung?!

Durftest Du diesem mächtigen Hirsch in einem Traum begegnen?

Lass wieder Deine inneren Bilder aufsteigen! Stell Dir vor, Du gehst den langen Weg durch Eis und Schnee! Wer begleitet Dich, mit wem teilst Du Deine Stärke? Oft melden sich ganz archaische Bilder: *Menschen auf der Flucht, ein Indianerstamm, Auswanderer ...,* Erinnerungen, die weit über unser gegenwärtiges Erleben hinausgehen.

Bitte notiere Dir in Deinem Lernheft den Merksatz des Wapitis:

Zuversichtlich und furchtlos
öffne ich mich spirituellen Erfahrungen.

Was sind spirituelle Erfahrungen, was bedeutet das für Dich?

Der Mond des langen Schnees führt uns den Weg nach Innen, auch wenn wir uns lieber davor verstecken wollen. Viele Schritte dürfen wir dabei in Gemeinschaft gehen.

Erstelle Dir nun eine Liste der Menschen, mit denen Du Deine Spiritualität zu teilen gewohnt bist, zu zweit oder in größeren Gruppen!

Mit jeder Form von Gebet schenkst Du der Erde und ihren Bewohnern ein weiteres kleines Stück der großen Kraft, die uns alle vorwärts trägt, hin zu Liebe und Gerechtigkeit für alle.

Alles Liebe bis morgen! Öffne Dein Herz!

28. November

Konntest Du Deine Zuversicht spüren, Deine Furchtlosigkeit, Dein Vertrauen?

Spiritualität ist eine Kraft, die im Laufe des Erdenlebens aufbricht und immer mehr wächst. Der Same dazu wurde bereits ganz zu Beginn Deines Erdenlebens gelegt. Und so einfach, wie die Samen in unseren Gärten keimen, aufgehen und Früchte bringen, so einfach wächst in uns die Spiritualität, ganz ohne eigenes Dazutun. So einfach ist sie gewachsen, noch ehe Du begonnen hast, bewusst zu denken.

Bitte erinnere Dich nun, gehe vom heutigen Tag aus Jahr für Jahr zurück! Be-GUT-achte die Erfahrungen Deines Lebens!

Bleibe da stehen, wo Du Dich einmal aufgrund eines Erlebnisses von Deiner Spiritualität, das bedeutet dem Glauben an das GUTE, abgewandt hast! Bewerte die damalige Erfahrung vom heutigen Standpunkt aus! Was war dennoch GUT an dieser vergangenen Erfahrung?

Falls Du keinerlei Sinn darin entdecken kannst, mach es wie der Wapiti! Bitte einen anderen Menschen, Dir den Weg zu spuren, wenn es zu schwer wird!

Schau auf Deiner gestrigen Liste nach, wer Dir dabei am besten helfen könnte!

Ich wünsche Dir Mut auf Deinem Weg!

29. November

Spürst Du, wie sehr es uns stärkt, vom Wapiti begleitet zu sein?!

Nicht umsonst führt gerade ein Tier des Waldes durch diesen letzten Monat des Jahres. Der Wald, in dem alle Lebewesen noch in harmonischer, sinnvoll abgestimmter Gemeinschaft leben, wo es kein Übergewicht, keine sinnlose Machtausübung geben darf, weil jeder von jedem abhängt, malt uns ein eindrückliches Bild des GROSSEN GANZEN, dessen Teil wir sein dürfen.

Schau aufmerksam auf die Natur, um Kraft zu tanken! Stelle Dich frühmorgens an das Fenster und blicke hinaus! Nimm das Wetter ganz bewusst wahr: *Sonne? Regen? Schnee? Wind? Nebel? Wolken am Himmel? Fühle die Temperatur!*

Und nun verbinde Dich mit der Natur zu einer völligen Einheit, verschmelze mit dem ganzen Geschehen so, als wärst Du ein Tier des Waldes, eine Blume, ein Baum! Leiste keinerlei Widerstand! So wie es heute ist, ist es gut und wunderbar. Mache Dir diese Übung zur täglichen Gewohnheit!

Sicher begegnen Dir auf dem Streifzug durch Wald oder Garten eine Menge Tannen und Fichten! Berühre ihre grünen Nadeln, atme den würzigen Duft!

Vielleicht gönnst Du Dir zum Entspannen und Wohlfühlen ein Fichtennadelbad, in dem beruhigenden Gefühl wohltuender Wärme. Verbinde Dich im Vorhinein mit der Erfahrung der vielen Menschen, die „darauf schwören", dass dieser Badezusatz keinen Raum lassen wird für Er-Kält-ungen irgendeiner Art!

Genieße die feurige Energie der pulsierenden Lebendigkeit!

30. November

Sicher sind Dir gestern die „Immergrünen“ in voller Vielfalt begegnet, weil sie auch in unserer abendländischen Kultur zur Adventszeit eine bedeutsame Rolle spielen. Doch welch ein Unterschied ist es, den lebenden, bewurzelten Baum zu spüren!

Der Wapiti-Position wird die Schwarzfichte zugeordnet, die in den USA beheimatet ist und dort von den Einheimischen sehr vielseitig eingesetzt wird. Wir können die Essenz des Baumes benutzen, eine Wasserübertragung machen oder einfach die Information auf uns wirken lassen.

Bitte notiere Dir:

Ich lebe intensiv in der Gegenwart
und werde aufnahmefähig für die Informationen,
die mir durch die Natur mitgeteilt werden.
Entschlossen, zuversichtlich und ohne Furcht
öffne ich mich spirituellen Erfahrungen.

Öffne Dich der Stille und Bedachtsamkeit des Augenblickes, während Du „Deine“ Fichte berührst! Spüre die nasse, kalte Oberfläche der Rinde, ihre Unebenheiten, nimm die auf- und absteigenden Säfte des Baumes wahr!

Jetzt, wo das Jahr sich allmählich dem Ende zuneigt, ist es heilsam, kurz innezuhalten und zurückzublicken. Umso beschwingter und energievoller werden wir dann nach vorne gehen können.

Beobachte heute voll innerer Gelassenheit, wie die Zwänge und die geschäftige Hektik von Dir abfallen! Schau in Dich hinein, was Dir wirklich WICHTIG und WERT-VOLL ist!

Genieße die Momente der Ruhe und fühle, wie Freude in Dir aufkeimt!

1.Dezember

Sicher hast Du die tiefe Entspannung spüren dürfen, die uns die stillen, grünen Fichten schenken. Benütze diese ruhigen Augenblicke für eine kleine hilfreiche Rückschau!

Wenn Du einen Monat zurückblickst, siehst Du den Mond der ersten Fröste. Was hat Dich die Schlange gelehrt? Lies in Deinem Lernheft nach, was Dich am meisten bewegt hat:

War es eine der Distelarten? die Esskastanie? oder ein Heilstein: Malachit? Kupfer? Roter Turmalin? oder ein Satz des Inneren Kindes?

Vielleicht hast Du noch die Phase des wechselhaften Herbstes in Erinnerung, das fallende Laub, die Temperaturunterschiede?

Was auch immer, greife die für Dich bedeutsame Erinnerung heraus!

Male jetzt ein Dankes-Herz in Dein Lernheft und schreibe mitten hinein das Gefühl, das Du mit dieser Erinnerung verbindest!

Nun entspanne Dich aufs Neue und wende Deinen Blick zwei Monate zurück zum Mond der fliegenden Enten!

Erinnere Dich an den Raben! Welche Weisheit hat er Dich gelehrt? War es ein bedeutsamer Satz der Pflanzen: *Königskerze? Alpenazalee? Zitterpappel? Waren es die Walnüsse, die wir verzehrt haben?* Hat Dich ein Heilstein besonders angesprochen: *der Heliotrop? der Aquamarin? der Schneeflockenobsidian?*

Oder hat Dir der beginnende Herbst zu denken gegeben, das sich einfärbende Laub, die kürzer werdenden Tage?

Schreibe in Dein Lernheft einen Satz der Erinnerung und des Dankes!

Ich wünsche Dir frischen Mut!

2. Dezember

Hast Du es gemerkt: Rückschau bedeutet in keiner Weise Rückschritt. Die stete Bewegung des Medizinrades (Schritt für Schritt nach links mit dem Blick zur Mitte) lässt sich nicht stoppen oder aufheben. Wenn Du Dir das bewusst machst, spürst Du beim Zurückblicken, wie Dich alles Erlebte in Wirklichkeit nach vorne schiebt und damit das Hier und Jetzt erfüllt und bereichert.

Wende heute Dein Augenmerk auf den Sommer! Was hast Du „in der Hitze des Tages“ lernen dürfen? Wie haben sich Deine Beziehungen zu anderen Menschen verändert, gefestigt?

Fühle tief hinein in diese drei Monate des Wachstums und der beginnenden Reife!
Begrüße den Braunbären mit seiner sanften, beständigen Stärke!
Betrachte den hitzigen, wehrhaften Stör, den König der Meere!
Lausche dem Klopfen des Spechtes! Was hat er Dir über Deine Familie und Deine Freunde mitteilen wollen?

Lass es kurz noch einmal in Dir Sommer werden! Male Dir die Sonne, das warme Wasser, den klaren Himmel! Beobachte, wie jetzt die Nebel, die herbstliche Kühle, das welke Laub ganz im Hintergrund verschwimmen, sich auflösen, dem strahlenden Grün des vollen Wachstums Raum bieten!

Nimm das Gefühl, das in Dir aufsteigt, hinein in diesen heutigen Tag!

Schreibe heute Abend mit Deinem besonderen Stift in Dein Lernheft: *Heute fühle ich mich in meinem Herzen um vieles fröhlicher, gelassener, ruhiger, beschwingter ...*

Alles Liebe bis morgen!

3. Dezember

Lies noch einmal kurz durch, was Dir an Sommererinnerungen geblieben ist! Spürst Du es? Kein anderes Zeichen des Medizinrades schenkt uns eine so klare Sicht der Dinge wie der Mond des langen Schnees.

Nütze die gereinigte, kraftvolle Energie des Wapitis, heute noch weiter zurückzublicken: zum Frühling, dem Morgen Deines Lebens! Erinnere Dich an all die Herzensziele, die Dich bewegt haben und immer noch bewegen!

Welches Ziel war Dir im laufenden Jahr besonders am Herzen gelegen? Betrachte noch einmal vor Deinem inneren Auge die Begeisterung, die Vorfreude auf das kommende Geschehen, die Dich in der Frühlingszeit erfüllt haben!

Alles, was Du nun im Herbst ernten darfst, hast Du in der Zeit von Habicht, Biber und Hirsch gesät. Geh wieder Schritt für Schritt zurück!

Tauche ein in die klare Erkenntnis, die Dir im Mond der Maisaussaat geschenkt wurde: dass Deine Gedanken Wirklichkeit werden, wenn Du zuversichtlich den göttlich vorgezeigten Weg weitergehst!

Erlebe die Gelassenheit und Befriedigung, die Dich in der Zeit der Wiederkehrenden Frösche durchströmte: ein liebevoller, kreativer Gärtner zu sein für Deine angestrebten Werke!

Spüre die aufstrebende, der Wapiti-Kraft verwandte Energie im Monat der Knospenden Bäume, als Du Dich mit Deinem vollen Bewusstsein ausschließlich auf Deine Herzensziele zu konzentrieren lerntest!

Bleibe heute auf dem Weg zur Arbeit oder zum Einkauf bei einem Baum stehen und betrachte die frischen Knospen, die bereits JETZT, im Herbst aus den Zweigen streben! Erinnere Dich dabei an die Blüten des vergangenen Frühjahrs!

Male in Dein Lernheft eine wundervolle Blume, eine Blume Deiner Hoffnungen und Träume!

Ich wünsche Dir leuchtende Farben für Dein ganzes Leben!

4. Dezember

Wie herrlich ist sie im Heft anzusehen, Deine Lebensblume!

Lass uns heute gedanklich zurückgehen dahin, wo sie entstanden ist, an den Beginn des Jahres, in die Zeit des Winters! Hier liegt die Grundlage all dessen, was Du dieses Mal bei der Umrundung des Medizinrades erreichen konntest.

Spüre genau hin, was hat Dich getragen, was hat Dir Stärke und Wärme geschenkt?
- Hattest Du einen schönen Platz zum Wohnen, ein gesundes Umfeld?
- Hattest Du eine Arbeit, die Dich erfüllt, genügend Geld, um ausreichend versorgt zu sein?
- Gab es Menschen in Deinem Umfeld (Familie, Nachbarn, Freunde, eine Gemeinschaft) die Dir Geborgenheit und Nähe schenken konnten?

Schreibe ein kurzes Wort des Dankes in Dein Lernheft für eine ganz besondere Gabe des vergangenen Winters! Ich bin sicher, Du findest etwas (selbst in ausweglos scheinenden Situationen wurde uns gegeben, sonst wären wir nicht mehr hier auf der Erde!).

Und nun schließe Dein Heft und gönne Dir einige (VIELE !!) Wohlfühlminuten an einem bequemen Plätzchen, vielleicht mit Kuscheldecke, Wärmflasche, mit einem Glas Deines Lieblingstees ...

Wenn Du Dich aufrichtig und unvoreingenommen auf ALLE gemachten Erfahrungen einlässt, werden sich Glück und Dankbarkeit zum sich ankündigenden Jahresausklang unweigerlich in Deinem Herzen einnisten.

Gönne Dir das innerlich aufscheinende Licht der Freude!

Um diese sanfte Wärme nachhaltig speichern zu können, besorge Dir bitte im Laufe der nächsten Tage einen der folgenden Steine: einen Obsidian (Apachenträne oder Regenbogenobsidian) und/oder einen Pyrit!

Ich wünsche Dir ganz viel Licht, im Außen und in Deinem Herzen!

5. Dezember

Ist es heller geworden in Dir? Vielleicht hast Du auch Lust bekommen, während Deiner Übungen zur Unterstützung eine Kerze brennen zu lassen? Eine zündende Idee!

So wären wir nach unserer kleinen Rundreise wieder an unserem Ausgangspunkt angelangt.

Vielleicht ist Dir aufgefallen, dass im Herbstvierteljahr nur die Elemente Luft (=das Geistige), Wasser (=die Gefühle) und Feuer (=die spirituelle Ebene) vertreten sind.

Dennoch lässt sich das Erd-Element mit seiner Körperlichkeit natürlich nie ganz ausklammern. Gerade gestern hast Du ja genüsslich spüren dürfen, wie freundlich es uns durchs Leben trägt. Deshalb gibt es auch für den Monat des Wapitis eine passende Körperübung:

Stelle Dich mit leicht gegrätschten Beinen aufrecht hin, beuge Dich tief nach unten, sodass Du mit den Fingerspitzen den Boden (fast) berühren kannst. Schöpfe mit beiden Händen die Kraft von Mutter Erde, trage diese Energie nach oben, während Du Dich langsam aufrichtest und beide Arme dem Himmel und Vater Sonne entgegenstreckst! Mache Dir dankbar bewusst, dass Du ein aufrecht stehender Mensch bist, stets in der spannungsvollen Linie zwischen Himmel und Erde! Verbinde Dich in Gedanken mit Deinem Lieblingsbaum und fühle die Energie, die von Deinen Wurzeln aus nach oben und wieder nach unten strömt, in einem immerwährenden Fluss! Erfahre die Gelassenheit des ewigen Seins!

Die Bachblüte Impatiens (Drüsentragendes Springkraut) ergänzt Deine Übung besonders kraftvoll:

Ich erkenne meine starken, überschießenden Kräfte
und lerne sie zu zügeln.
Einfühlsam und geduldig
stelle ich mich auf den Rhythmus anderer Menschen ein,
sodass wir gemeinsam voranschreiten können.

Ich wünsche Dir einen Tag voller Ruhe und Frieden!

6. Dezember

Hast Du Deine Körperübung gemacht? Konntest Du die Verbindung zwischen Himmel und Erde in Dir spüren, den auf- und absteigenden Kraftfluss, der Dich trägt, nährt und Deinen Geist weitet?

Du erfährst die Wapiti-Kraft in unseren Freunden, den Bäumen, auf sehr liebevolle Weise. Die Immergrünen vollziehen fast unmerklich und sanft den stetigen Wandel, der uns täglich ein Schrittlein vorantreibt. Selbst in der Blühphase braucht es unsere Konzentration, um die Verwandlung überhaupt zu bemerken. Jetzt im Herbst darfst Du Dich von der Vielfalt hängender Fichtenzapfen sowie aufrecht stehender Tannen- und Zedernzapfen erfreuen lassen!

Die herrlich türkisgefärbten Blautannen stärken uns zurzeit ganz besonders. Vielleicht gönnst Du Dir, zumindest am Wochenende, einen kleinen Spaziergang und hältst nach ihnen Ausschau!

Bitte notiere in Deinem Lernheft, was Dir die Blautanne zu sagen hat:

Ich lebe intensiv in der Gegenwart
und werde aufnahmefähig für die Informationen,
die mir durch die Natur mitgeteilt werden.
Entschlossen, zuversichtlich und ohne Furcht
öffne ich mich spirituellen Erfahrungen.

Diese Essenz gibt es meines Wissens derzeit noch nicht zu kaufen. Um so spannender könnte es sein, mit diesen hilfreichen Sätzen wieder einmal eine Wasserübertragung auszuprobieren.

Auch der Duft von Fichtennadelöl aus der Aromalampe holt Dir die Vorstellung dieses kostbaren Baumes direkt in Deine Energiefelder, um Dich ganzheitlich zu erfreuen und zu stärken.

Genieße die Natur mit allen Sinnen!

7. Dezember

Nachdem Du in den vergangenen Tagen Bestandsaufnahme über das vergangene Jahr (und über Dein vergangenes Leben!) gemacht hast, kannst Du nun darangehen, das Maß der Dir zur Verfügung stehenden Feuerenergie zu bewerten.

Nütze Deine stillen Spaziergänge oder die langen Spätherbstabende, um Dir ein ehrliches Bild zu machen!

Mit was lässt sich Dein inneres Feuer derzeit vergleichen:
Ist es ein stilles, zuverlässige Kaminfeuer?
Ein rasch verlöschendes Streichholz?
Ein gefährlicher Brand?
Ein sanftes Kerzenlicht?

Male in Deinem Lernheft ein entsprechendes Bild!

Solltest Du Dich bei dieser Übung etwas hilflos oder unzufrieden fühlen, wird es Dir helfen, mit Deinen spirituellen Begleitern Kontakt aufzunehmen.

Besonders der Erzengel Michael wirkt mit seinem Flammenschwert reinigend und läuternd auf unser inneres Feuer ein, wenn wir ihn nur darum bitten!
So könntest Du Deinen Wunsch an ihn formulieren:

Indem Du in mir das Feuer der Erkenntnis entfachst,
führst Du mich zu Harmonie

(s. Literaturliste: Lackner Ferry, Das Licht der Engel).

Ich wünsche Dir Kraft und neuen Mut!

8. Dezember

Wie bist Du mit Deinem Energiebild von gestern zufrieden?

Mache Dir klar, dass einzig Angst oder Resignation unser inneres Feuer drosseln oder zum Erlöschen bringen können! Denn solange wir voll und ganz mit der göttlichen Quelle in Verbindung stehen, brennt es stark und zuverlässig.

Um den Zugang zu unserer inneren Kraftquelle zu verbessern, erhalten wir wieder einmal Unterstützung aus der Natur. Betrachte auf Deinem Weg die Sträucher der Haselnuss! Siehst Du das neue Leben in den bereits herunterhängenden Kätzchen?

Verspeise zuhause voll Dankbarkeit ein paar frische Haselnüsse! Berühre die glatten, glänzenden Schalen und knacke sie mit Bedacht! Welch ein Kraftaufwand ist hierzu nötig! Dann schnuppere an den weichen süßen Kernen, kaue sie genüsslich und lass das unverwechselbare Aroma Mund und Nase erfüllen!

Bestimmt tauchen Wellen der Erinnerung auf an frühere Zeiten voll Kuchen und Plätzchen, an die geliebten Menschen, die damals für Dich und die Familie gebacken haben! Vielleicht hast Du sogar selber mitgeholfen?

Nun begib Dich in Gedanken zurück in die Natur, wo Du als Kind die Nüsse gesammelt hast! Lass das Bild des Haselstrauches in Dir aufsteigen! Bestaune seine Verwandlung im Laufe des Jahres!

Zu guter Letzt notiere Dir die Information der Haselnuss-Essenz in Deinem Lernheft:

Indem ich die belastende Vergangenheit hinter mir lasse,
kann ich mich am gegenwärtigen Augenblick erfreuen.
Aufrecht und furchtlos übernehme ich Verantwortung.
Ich öffne mich für meine spirituelle Entwicklung
und gehe jetzt einen neuen Weg.

Alles GUTE für Dich!

9. Dezember

Wie merkwürdig! Da haben wir mit solchem Genuss die Nüsse verspeist und werden hinterher von der Hasel-Essenz daran erinnert, unsere Altlasten loszulassen.

Dürfen denn Probleme, unter denen wir Jahre lang geächzt und gestöhnt haben, zu guter Letzt tatsächlich VERGNÜGEN bereiten, und sei es auch bloß dadurch, dass wir sie LOS sind?!!!

Sei es drum! Nützen wir also die einmalige Wapiti-Kraft, uns von den elenden Stolpersteinen der Vergangenheit zu befreien!

Du bist FREI, nach vorne zu sehen! Beobachte genau, was sich in diesem Moment in Dir abspielt! Mit einem Mal liegt die ZUKUNFT offen vor Dir!

Wie möchtest Du diese besondere Chance nützen?

So wie an allen Bäumen und Sträuchern schon jetzt die Knospen startklar bereitstehen, ist es auch mit unseren Plänen und Zielen. Für alles, was wir im kommenden Jahr erreichen wollen, legen wir jetzt „Energiesamen" bereit. Feuerenergie ist heftig und zielgerichtet. Darum ist es wichtig, dass Du Dich Deiner Erwartungen und Sehnsüchte ganz im Klaren bist.

Bitte schreibe bis morgen in Dein Lernheft, auf was Du in den kommenden Tagen wartest: *auf einen Anruf? ein Treffen? eine Gehaltserhöhung? auf Zeit zum Ausspannen? auf Weihnachten?*

Was erhoffst Du Dir wirklich???

Ich wünsche Dir inmitten der allgemeinen Hektik Ruhe und Momente des Friedens!

10. Dezember

Hast Du Dir gestern ausreichend Zeit zum Nachdenken gönnen können?

Sicher hast Du es genauso bemerkt wie ich: Es gibt Ziele, die für Dein Leben absolut wichtig sind, und es gibt Ziele, die obwohl wenig bedeutsam, sich doch ganz enorm in den Vordergrund schieben.

Nicht umsonst ist das Wort Sehnsucht so eng mit dem Wort Sucht verwandt. Meist fällt es uns gar nicht auf, wenn sich Süchte und Zwänge hinderlich vor unsere eigentlichen Lebensziele stellen. Denn die kurzfristig angestrebte Befriedigung fühlt sich ja erst mal recht angenehm an.

Lass uns eine Wachsamkeitsübung machen! Achte heute genau auf Deine momentanen Wünsche!

Immer, wenn Du an die Erfüllung eines Wunsches gehst, lege einen kurzen Stopp ein! Beim Griff zum Essen oder Trinken, beim Anschalten des Fernsehapparates, beim gemütlich auf der Couch Versinken....

Nur ein kleiner Stopp!

Wie fühlt es sich für Dich an, den Wunsch nicht sofort (ODER vielleicht GAR NICHT !!??) zu befriedigen?

Je schwerer der momentane Verzicht fällt, desto genauer solltest Du hinsehen und hinspüren!

Notiere bitte im Lernheft:
Es fällt mir schwer, auf .... zu warten (zu verzichten)!

Ich wünsche Dir (und mir!) Mut und Ehrlichkeit!

11. Dezember

Vielleicht hast Du gestern das eine oder andere zum Thema Süchte entdeckt. Am Schwierigsten freilich wird es, wenn wir nicht genau hinsehen wollen. Es scheint so einfach, zu beschönigen, zu bagatellisieren, zu verleugnen.

Die Feuerenergie des Wapitis schenkt uns den Mut zu vollkommener Wahrheit.

Der ihm zugeordnete Stein Obsidian kann Dir helfen, Dich mit der Energie der Mutter Erde zu verwurzeln und ihre Energie in Dich einströmen zu lassen. Konntest Du Dir bereits eine Apachenträne oder den in allen Farben schillernden Regenbogenobsidian besorgen?

Diese Steine dürfen Dich schützend und stärkend begleiten, Deine Zukunftsängste in Lebensfreude verwandeln und Dir aus körperlicher und geistiger Abhängigkeit helfen.

Halte heute Abend wieder kurz inne für eine kleine Tagesrückschau! Welche Deiner Wünsche, Deiner Erwartungen scheinen Dir immer wieder so unaufschiebbar und drängend, dass Du einfach nicht auf sie verzichten kannst?

Schreibe in Dein Lernheft den ersten Schritt aus dem bekannten 12-Schritte-Programm: *„Wir gaben zu, dass wir dem/n ...... gegenüber machtlos sind – und unser Leben nicht mehr meistern konnten.“* (s. auch Literaturliste: Beattie Melody)

Setze jetzt den Bereich ein, um den es bei Dir geht – und sei es auch nur in den kleinsten Ansätzen: *Alkohol, Rauchen, Essen, Faulenzen, Geld, Wunsch nach Anerkennung ....*

Falls Dir gar nichts einfällt, wie schön! Dann lass den Satz unvollendet und sprich ein kleines Gebet der Dankbarkeit und Ermutigung für alle Betroffenen!

Alles, alles Liebe bis morgen!

12. Dezember

Wahrscheinlich hast Du (genau wie ich!!) irgendeinen Hang zur Sucht bei Dir entdeckt – oder es schon lange gewusst?

Da Süchte schnell zu eingefleischten Gewohnheiten werden, sind sie uns oft gar nicht so bewusst. Nur in den Zeiten gesteigerter Energie sind sie leichter fassbar, weil sie uns so viel Kraft rauben, die wir eigentlich dringend für anderes, BESSERES benötigen würden.

Natürlich reichen unsere 5-Minuten-Übungen nicht aus, schwerwiegende Probleme zu lösen, aber sie können uns zu weiteren Schritten veranlassen.

Dazu soll Dir die heutige Übung Mut machen!

Jede Sucht steht unserer tiefen Sehnsucht nach einem schönen, wunderbaren Leben im Wege. Was sind Deine liebsten, vorrangigen Ziele?

Wähle aus der kleinen Vorschlagsliste ein bis drei Begriffe aus, füge auf Wunsch noch Deine eigenen hinzu! Schreibe sie in Dein Lernheft:

Die wichtigsten Werte in meinem Leben sind ....

- *Frieden*
- *Harmonie*
- *ein geistiges Leben*
- *Gleichheit für alle*
- *Gerechtigkeit*
- *Liebe*
- *Einheit mit der Natur*
- *Weisheit*
- *wahre Freundschaft*
- *Vergebung*
- *Hilfsbereitschaft*
- *Verantwortung*
- *Toleranz*

....

Ich wünsche Dir eine großartige Welle an Energie!!!

13. Dezember

Lies Dir Deine wunderbaren Worte von gestern noch einmal durch! Fühle Deine tiefe Sehnsucht, wenigstens einen dieser besonderen Werte in Deinem Leben zu verwirklichen!

- *Was ist Dein eigentliches Ziel?*
- *Der Sinn Deines Lebens?*
- *Wohin führt Dich Dein Weg?*

Wäre es nicht herrlich, all die Energie, die in uns steckt, für ein Ziel unserer Wahl einzusetzen, anstatt von irgendwelchen Süchten getrieben zu werden?

Verbinde Dich heute mit Deiner tiefsten Sehnsucht, beim Wandern durch den winterlichen Schnee, beim Hören eines Musikstückes, beim Bewundern eines Kunstwerkes .....

Zünde Dir zum Abschluss des heutigen Tages eine Kerze an, atme ihren Duft, genieße ihr sanftes Licht, ihre Wärme und versenke Dich in Deine Sehnsucht nach Liebe, Freude, Gerechtigkeit ......

Im Buch „The Secret“ von Rhonda Byrne habe ich eine tief anrührende Affirmation von Charles Haanel gefunden. Vielleicht magst Du sie Dir im Lernheft notieren! Vor allem aber schreibe sie Dir in Dein Herz:

Ich bin ganz, vollkommen, stark, machtvoll, liebevoll, harmonisch und glücklich.

Ich wünsche Dir einen wunderschönen Tag!

14. Dezember

Je mehr wir uns auch im Medizinrad dem Winter nähern, je kürzer die Tage werden, je schneller die Jahre unseres Lebens zu vergehen scheinen, desto mehr sind wir darauf angewiesen, neue Kraft zu schöpfen. Wir benötigen ein Licht, das uns aus der Dunkelheit führt.

Gestern haben wir gesehen, wie sich die Kerze verzehrt.

Jedes Feuer braucht immerzu neue Nahrung, um brennen zu können. Wir wissen es und das Medizinrad zeigt es uns: Wir schöpfen die Energie nicht aus uns selbst. Die Kraft wird uns gegeben aus dem Zentrum unseres Selbst, aus dem Ursprung und der Mitte der großen Gemeinschaft, die wir alle bilden. Die Indianer nennen dieses Zentrum Schöpfer, Großer Geist, Wakan Tanka. Die Menschen haben in ihren Religionen immer andere Namen gefunden, um diese höchste Macht zu benennen und zu ehren.

Notiere Dir bitte bis morgen, in welche Religionsgemeinschaft Du geboren wurdest und welcher Gemeinschaft Du Dich heute zugehörig fühlst!

Schreibe auch ehrlich auf, ob Du Dich als bekennendes, als tätiges Mitglied betrachtest, ob Du eigentlich zweifelst, ob Du vielleicht gar nicht glaubst, aber gerne dazugehören möchtest, ob Du außerhalb jeder religiösen Vereinigung stehst, ob Du Dich einen überzeugten Atheisten nennst!

Wie würdest Du einem Außenstehenden aufzeigen, dass Du Dich stimmig eingeordnet hast:

Betest Du?
Besuchst Du eine bestimmte Kirche?
Beteiligst Du Dich an Ritualen?
Hilfst Du bei Treffen, Vorbereitungen, Festen?
Liest Du bestimmte Bücher?
Führst Du Gespräche über Deine Überzeugungen?

Ich wünsche Dir (und wieder mir!) einen offenen, unverstellten Blick zur Mitte!

15. Dezember

Hast Du gestern Deine Bestandsaufnahme gemacht?

Erforsche bitte gründlich, aufgrund welcher Erfahrungen Du Dich in den vergangenen Jahren für die Religion, für einen Glauben außerhalb einer Religionsgemeinschaft oder für Deinen Widerstand gegen jegliche Art von Glauben entschieden hast!

Alles hat im Rad unseres Lebens Platz, aber Du solltest Dir völlige Klarheit verschaffen, wo Du HEUTE stehst, jetzt in diesem Augenblick! So hast Du täglich die Möglichkeit, das Geschenk einer Erfahrung angeboten zu bekommen und dieses Geschenk auch zu empfangen.

Diese geschenkten Erfahrungen sind Zeichen der fließenden Energie, die uns belebt.

Um Dich täglich für neue Möglichkeiten offen zu halten, kannst Du (als eines unter vielen hilfreichen Werkzeugen) einen Heilstein benutzen. Betrachte heute das Bild des Pyrits, noch schöner, wenn Du ihn tatsächlich zur Hand hast und auf Dein drittes Chakra (das Sonnengeflecht) auflegen kannst!

Dieser goldglänzende Mineralstein schenkt Dir Selbstbewusstsein und Gefühlsreichtum, befreit Dich aus momentaner Erschöpfung und lässt Dich hilfreiche Kontakte herstellen. Er verbindet Dich mit der gebündelten Wapiti-Kraft.

Schreibe die Information des Pyrits in Dein Lernheft:

Entschlossen, zuversichtlich und ohne Furcht
öffne ich mich spirituellen Erfahrungen
und übernehme Verantwortung für meine seelische Entwicklung.

Lasse den Stein heute Nacht in Dir wirken und seine Kraft entfalten, indem Du ihn lange betrachtest und dann neben Dein Kopfkissen legst! (Ersatzweise kannst Du den Pyrit mit geschlossenen Augen visualisieren)

Alles Liebe bis morgen!

16. Dezember

Hat Dich der goldglänzende Pyrit zum Träumen gebracht?

Genieße diese herrliche Zeit der Erwartung und des Überganges, um ALLE alten Gewohnheiten zu hinterfragen und zu durchbrechen! Selbst hohe Werte, denen wir bedingungslos anhängen, können tief in sich noch den Anflug eines Suchtverhaltens bergen.

Nimm zum Beispiel die Hilfsbereitschaft! In jeder Religion wird sie als hohes Gut gewertet. Und doch erkranken Menschen, die diesen Wert für sich zu hoch stecken, ihn vielleicht ganz falsch verstanden haben, am sog. Helfersyndrom.

Mache es Dir heute zur schweren Aufgabe, ganz ernsthaft die von Dir ausgewählten und aufnotierten Werte zu hinterfragen!

Hinterfrage genauso gründlich die Zugehörigkeit zu Deiner jetzigen Religionsgemeinschaft!

- *Machen Dich Deine Überzeugungen, Deine Werte, Dein Glaube zu einem freien, wahrhaft glücklichen Menschen?*
- *Fühlst Du Dich GUT (=nahe bei Gott), und trennt Dich absolut nichts von ALLEN anderen Menschen?*

Wie schön! Denn der Fanatismus angeblich „religiöser“ Menschen hat in den vergangenen Zeiten zu unglaublichen Verletzungen geführt und tut es auch heute noch.

Nütze Deine Gemeinsamkeit mit anderen Menschen für die aufrichtige Suche nach Liebe, Gerechtigkeit und Lebenssinn! Sei offen für die vielfältigen Möglichkeiten des Betens und Feierns!

Ich wünsche Dir und uns allen den unverstellten Blick zur Mitte!

17. Dezember

Jetzt sind wir so tief im Medizinrad eingetaucht, dass wir uns fragen können: Was haben all die Religionen gemeinsam, dass wir zusammen friedlich und geeint hier stehen und gehen dürfen, ohne uns gegenseitig zu behindern oder den Blick auf das Wesentliche zu verstellen?

Um ein Gespür für diese GUTE, friedliche, liebevolle, alles verbindende Energie zu erhalten, die wir „Spiritualität“ nennen, werden wir letztendlich immer auf die Erfahrung der Dankbarkeit zurückgeworfen.

Bitte erstelle bis morgen im Lernheft eine Liste Deiner Dankbarkeiten! Durchforste dabei sehr gründlich alle Lebensbereiche, mit denen Du in irgendeiner Art zu tun hast:

Familienmitglieder, Verwandte
Nachbarn, Freunde, Bekannte
Pflanzen, Tiere
Arbeitsstelle
Freizeitbereich
Versammlungen, Gruppen
Wohnung, Möbel, Kleidung, Auto
kleine Dinge des täglichen Gebrauchs
Kunstgegenstände
und und und ......

Eine Menge GUTER Einfälle und viel Spaß beim Aufschreiben!!

18. Dezember

Ist Deine Liste schön lang geworden?!!!

Was uns manchmal für die rechte Dankbarkeit den Blick verstellt, sind all die schmerzlichen, bedrückenden, unverständlichen Erfahrungen, mit denen das Leben hier auf der Erde regelrecht gepflastert ist.

Lass uns heute noch einmal die Kraft des Heilsteines Obsidian benützen!

Lege Dich entspannt auf den Rücken und platziere diesen dunkel schimmernden Stein mitten auf Deiner Stirn (drittes Auge)! Hast Du den Stein nicht zur Verfügung, tippe einfach leicht mit dem linken Zeigefinger diese Stelle an und lege die Apachenträne nur symbolisch in Deiner Vorstellung ab!

Schließe die Augen und bitte Dein Höheres Selbst, Dich an eine besonders schmerzhafte Erfahrung zu erinnern!

Stelle Dir nun vor, Dein mütterlicher Anteil (den haben natürlich auch Männer!) würde ein Kind zur Welt bringen!

Das bedrückende Gefühl, all der Schmerz, die grenzenlose Verzweiflung, diese schreckliche durchlittene Erfahrung – nenne sie KIND, ein kleines, schutzloses, bedürftiges neugeborenes Kind, ein zartes, hilfloses Wesen, das Dir jetzt in den Arm gelegt wird, das Du ganz behutsam halten wirst, das Du neugierig betrachtest!

Du siehst es voller Liebe, voll Staunen und Neugier, Du betrachtest es ganz ohne Erwartung, ohne Vorurteile, voller Mutterstolz. Du heißt es willkommen! Du möchtest ihm einen Namen geben, um ihm den rechten Ausdruck zu verleihen!

Dieses kleine neugeborene Kind ist DEIN Geschenk an die Menschheit, und es ist Dein GESCHENK AN DICH!!!

Fühlst Du die Dankbarkeit?

Danke dem, den Du GOTT nennst, für diese Erfahrung!

19. Dezember

Hast Du die gestrige Übung auch als heilend erleben dürfen? Du kannst sie wiederholen, wann immer eine düstere Erfahrung Dir den Weg zum Licht versperren möchte.

Je mehr wir bereit sind, uns dem allumfassenden Prinzip der Liebe zu übergeben, umso mehr erfahren wir das Gefühl des Ganz-Seins und Geborgen-Seins, das Wissen, dass alles EINS ist.

Mache heute eine Segensübung!

Stelle Dich aufrecht hin, schließe die Augen und sprich folgenden Spruch in Anlehnung an die Irischen Segenswünsche:

„Ich bitte Dich, Herr (lieber Gott ....), sei Du vor mir und hinter mir, über mir und unter mir, in meinem Herzen und rund um mich herum!"

Schüttle nun kräftig eine Hand aus und stelle Dir vor, dass goldene Strahlen aus Deinen Fingerspitzen fließen! Bewege die Hand mit den „Strahlenfingern" mehrmals kreisförmig in Kopf- und Brusthöhe rund um Dich herum! Visualisiere, wie ein unsichtbarer Sternenschleier von oben auf Dich herabfällt und Dich umhüllt!

Spüre die starke Verbindung, die Dich zwischen Himmel und Erde aufrechterhält, die heilende Kraft, die Dich durchströmt!

Zur weiteren Verstärkung kann Dich die Bachblüte Vine (= Weinrebe) noch tiefer erden:

Ich übernehme Verantwortung
und berücksichtige dabei fremde Wünsche und Bedürfnisse.
Indem ich meine männlichen und weiblichen Anteile
ins Gleichgewicht bringe,
kann ich meine Kraft zum Wohle aller einsetzen.

Ich wünsche Dir einen wundervollen Tag!

20. Dezember

Wiederhole zunächst die Übung von gestern! Kannst Du die Verbundenheit fühlen?

Es ist ein wenig vergleichbar mit dem Blick zum unendlichen Sternenhimmel in einer frostklaren Nacht. Auch wenn die funkelnden Lichter noch so unendlich weit entfernt sein mögen, sie erreichen DEIN Blickfeld und berühren DEIN Herz. Auf eine unbeschreiblich geheimnisvolle Weise gehörst Du dazu, bildet ALLES zusammen eine große Einheit.

In dem Augenblick, als Du gezeugt wurdest, hast Du als GEISTIGES Wesen Deine Rolle übernommen, Teil des IRDISCHEN zu sein, Teil der großen Erden-Gemeinschaft.

Am Medizinrad erlebst Du dies Tag für Tag eindrücklich und augenscheinlich. Je mehr wir uns unserer geistigen Herkunft bewusst werden, desto mehr spüren wir unsere Verantwortung und unsere Zugehörigkeit untereinander und mit dem großen Ganzen. Dies ist das Prinzip der Spiritualität.

Die dem Wapiti zugeordnete Pflanze Wintergrün übermittelt uns diese Energie auf besonders schöne, verständliche Weise.

Betrachte die leuchtend roten Beeren inmitten der grün glänzenden Blätter! Spüre, wie die beiden kraftvollen Farben eine energetische Verknüpfung zwischen Wurzelchakra und Herzchakra herstellen! So fühlt es sich an, HEIL ZU SEIN IM JETZT, einen festen Stand zu haben in dem trostreichen Bewusstsein, gehalten zu werden.

Die Wintergrün-Essenz mag Dir helfen, diese Erfahrung nach außen zu tragen und an andere Menschen weiterzureichen.

Bitte notiere ihre Information in Deinem Lernheft:

Dank meiner intuitiven Begabung und erhöhten Selbsterkenntnis
nehme ich den Energiefluss
zwischen mir und meinen Mitmenschen bewusst wahr.
So kann ich alles Gelernte in Weisheit mit den anderen teilen.

Ich wünsche Dir ein frohes, erwartungsvolles Miteinander!

21. Dezember

Heute sind wir nicht nur am Ende der Wapiti-Position, sondern am Ende des ganzen Medizinrad-Kreises angelangt.

Natürlich, im Kreis gibt es niemals einen Stillstand. Schritt für Schritt, auf ganz unkomplizierte, natürliche Weise, gehen wir täglich vorwärts und selbst von heute bis morgen ist es nur ein winzig kleiner Schritt.

Kein Wunder, dass die letzte Pflanze, die uns im Mond des langen Schnees begegnet, ebenso im kommenden Mond der Erderneuerung eine wichtige Rolle spielen wird. Du erinnerst Dich: Dies war unsere erste Position, die wir gemeinsam gegangen sind. So schließt sich der Kreis auf wunderbare Weise!

Der Beinwell mahnt uns in der ausklingenden Zeit der Feuerenergie, den Bezug zur Erde nie zu verlieren, obwohl wir den Blick so intensiv nach oben gerichtet haben.

Bitte schreibe in Dein Lernheft:

Ich fühle mich hier auf der Erde fest verwurzelt
und stelle mich allen Herausforderungen.
So gewinne ich tiefe Einsichten und kann Verantwortung
für meine seelische Entwicklung übernehmen.

Oft werde ich gefragt, ob das Finden des Lebenssinns, sprich unser letztes und einziges Ziel, tatsächlich durch „willentlichen“ Einsatz erreicht werden könne.

Betrachte noch einmal den Wapiti, diesen königlichen Hirsch, bei seinem Streifzug durch den winterlich verschneiten Wald! Reihe Dich ein in den geradlinigen Lauf, folge der Spur seiner Familie durch den unberührten Schnee!

Mache Dir bewusst, dass unser Wille einer Abfolge von DREI Schritten unterworfen ist:

Ich kann! Ich will! Ich darf! (Zitiert aus dem Skript von Heidemarie Schwermer: „In Fülle sein ohne Geld“)

Lassen wir uns letztendlich von dieser großen GÖTTLICHEN Erlaubnis durchs Leben tragen!

Spüre mit allen Sinnen den Wandel der ewig gleichbleibenden Energie!

Alles Liebe bis morgen!

Beinwell

Ausblick

So haben wir nun gemeinsam das Ende des Medizinrad-Jahres erreicht. Falls Du von Anfang an dabei warst, durftest Du Dich und die anderen gründlich kennenlernen, mit allen Höhen und Tiefen.
„Wirklich mit allen???“

Du hast recht, „Kennenlernen, Begreifen, Verstehen“ sind große Worte. Es handelt sich hierbei um eine Lebensaufgabe. Mit einem einzigen Durchlauf ist es nicht getan.

Besonders drängend werden es die Wapitimenschen spüren, die in den letzten zwei drei Tagen ihres Mondes geboren sind. Wir alle wollen wissen und v. a. am eigenen Leib ERFAHREN, wie es weitergeht.
Das erste Zeichen des neuen Umlaufes, die Schneegans, erwartet uns bereits mit sehr greifbaren Angeboten und reicht uns die Hand.

Das fühlt sich sehr beruhigend an, da wir uns in den letzten drei Monaten doch sehr „abgehoben“ vorkommen konnten, unter der Anleitung des geistigen Führers Mudjekeewis. Wie oft hat er uns an unsere eigentliche Herkunft erinnert, hat die Spiritualität tief in uns zu erwecken versucht.

Bedenke noch einmal sehr gründlich, wer Du wirklich bist! Was ist Dein eigentliches Ziel hier auf Erden? Ja, alles ist EINS, doch Du bist unverwechselbar, unverzichtbar.

Du bist „hier unten“ WILLKOMMEN,
Teil einer kraftvollen Gemeinschaft,
Teil von Schwestern und Brüdern,
die einen einzigen Auftrag zu erfüllen haben:
Frieden zu schließen mit sich und der Welt,
Frieden mit GOTT.

Lasst uns das neue Medizinrad-Jahr in LIEBE UND FREUDE beginnen!

Anhang 1: Die Chakren-Stationen

1.Station : Das Wurzelchakra Farbe ROT

Das Kind in dieser Station möchte sich verwurzelt fühlen.
Sein tiefster Wunsch ist: **Ich bin eins mit allem.**
Das befreit von angstbesetztem Geiz,
schafft Ordnung und Großzügigkeit.

2. Station: Das Sakral- oder Sexualchakra Farbe ORANGE

In dieser Station nimmt das kleine Kind
zum ersten Mal
bewusst seine Außenwelt wahr.
Zugleich vorsichtig und tapfer
begutachtet es die neuen Eindrücke
und genießt erste Kontaktaufnahmen.
Sein Streben heißt:

Ich sehe dich und achte dich.

3. Station: Das Solarplexus - oder Nabelchakra Farbe GELB

Hier nimmt sich das kleine Kind
endlich bewusst selbst wahr.
Es entdeckt seine eigene Kraft,
seinen eigenen Willen.
Sein tiefer Wunsch lautet:

Ich bin ich
und bestimme selbst.

4. Station: Das Herzchakra Farbe GRÜN und ROSA

Diese Station schafft den Ausgleich
zwischen den irdischen
und geistigen Bedürfnissen.
Das Kind erlebt die Macht
der Liebe und der Vergebung.
Es lernt, was Uneigennützigkeit bedeutet.
Seine ganze Sehnsucht lautet:

Ich tauche ein
in die göttliche Liebe.

5. Station: Das Hals- oder Kehlkopfchakra Farbe HELLBLAU

Das Kind gelangt zu seiner inneren Weisheit.
Es entdeckt die Qualität des Glaubens
und findet zugleich Zugang
zu seiner persönlichen Autorität.
Getragen von Selbsterkenntnis,
kann es den göttlichen Willen annehmen
und nach außen tragen,
z. B. ungehindert sprechen.
Sein Bestreben heißt nun:

Ich bin frei, mich und meine Gaben zu zeigen.

6. Station: Das Stirnchakra oder Drittes Auge Farbe INDIGO

Das Kind gelangt zu seiner inneren Wahrheit.
Es findet gleichzeitigen Zugang
zu intellektuellen Fähigkeiten und zur Inspiration.
Hier erkennt es seine eigentliche Berufung.
Sein Bestreben heißt nun:

Ich werde bewusst und lerne
Wahrheit von der Illusion zu trennen.

7. Station: Das Kronen- oder Scheitelchakra
Farben VIOLETT und WEIß

Unser inneres Kind
gelangt zur Stufe des spirituellen Erwachens.
Es erlebt völlige Verbundenheit mit allem Sein
und verwirklicht sich
in echter Hingabe.
Sein einziger Wunsch lautet:

Ich erlebe die Glückseligkeit des jetzigen Augenblickes.

Anhang 2: Die Chakren-Entsprechungen

Zu jeder Chakrastation findest Du Empfehlungen für passend Aura Soma - Balanceflaschen, Heilsteine und Düfte

Erste Station: vorwiegend Rot

Aura Soma:
Nr. 5 gelb über rot
Nr. 6 rot über rot
Nr. 55 klar über rot

Heilsteine:
Blutachat (auch 2.)
Flintstein (auch 3. u. 6.)
Granat (auch 2.)
Hämatit
roter Jaspis (auch 2.)
rote Koralle
Mookait
Rosenquarz (auch 4.)
Rubin (auch 4.)
schwarzer Turmalin (auch 6. u. 7.)

Düfte:
Jasmin
Lemongrass (auch 3.)
Linaloeholz
Myrrhe
Olibanum = Weihrauch (besonders 7.)
Patchouli
Rosengeranie (auch 4.)

Rosenholz
Sandelholz (auch 2., besonders 7.)
Verbena (auch 6.) Bitte nicht in der Schwangerschaft und bei Epilepsie!
Vetiver
Ylang-Ylang (auch 2. u. 7.)
Zitrone (auch 3.)
Zypresse (auch 3.) Bitte nicht in der Schwangerschaft verwenden!

Zweite Station: vorwiegend Orange

Aura Soma:
Nr. 26 orange über orange

Heilsteine:
Aprikosenachat
Bernstein (auch 1. u. 3.)
Carneol (auch 1.)
Fleischachat (auch 1.)
Gold
Goldfluss
Hyazinth = Zirkon
roter Jaspis (auch 1.)
Katzenauge (auch 1.)
Mondstein (auch 5. u. 6.)
Naturcitrin
Orangencalcit (auch 3.)
Sarder
Sonnenstein (auch 3.)

Düfte:
Bergamotte (auch 3.)
Cistrose Bitte nicht in der Schwangerschaft anwenden
Ho-Blätter
Neroli (auch 4.)
Rosengeranie (auch 3. u. 4.)
Sandelholz (auch 1. u. 7.)
Tonka
Tuberose
Ylang-Ylang

Dritte Station: vorwiegend Gelb

Aura Soma:
Nr. 4 gelb über gold
Nr. 14 klar über gold

Heilsteine:
Bernstein (auch 1. u. 2.)
Breckzienjaspis
Citrin (auch 1. u. 2.)
Citrinocalcit
gelber Fluorit
Girasol = Hyolith
Gold (auch 2.)
gelber Goldtopas
gelbe Jade
Landschaftsjaspis
Orangencalcit (auch 2.)
Pyritsonne
Rutilquarz (auch 5.)
Schwefel
Septarien
Tigerauge
Tigereisen (auch 1.)

Düfte:
Bergamotte (auch 2.)
Fenchel (Bitte nicht in der Schwangerschaft und bei Epilepsie!)
Grapefruit
Immortelle
Karottensamen (auch 4.)
Lavendel (auch 7.)
Lemongrass (auch 1.)
Mandarine

Mimose
Muskatellersalbei
Neroli (auch 2. u. 4.)
Rosmarin (auch 5. u. 6.)
Wacholder (auch 4.) Bitte nicht in der Schwangerschaft!
Zeder (auch 4.) Bitte nicht in der Schwangerschaft!
Zitrone (auch 1.)

Vierte Station: vorwiegend Grün und Rosa

Aura Soma:
Nr. 3 blau über grün
Nr. 10 grün über grün
Nr. 13 klar über grün
Nr. 43 türkis über türkis (zwischen 4. u. 5.)
Nr. 86 klar über türkis (zwischen 4. u. 5.)

Heilsteine:
Amazonit (zwischen 4. u. 5.)
Aquamarin
Aventurin
Chrysopras
Hiddenit
Jade
Kunzit
Malachit
Moosachat
Moosopal (auch 6.)
Morganit
Nephrit
Olivin = Peridot
Prasem
Rhodochrosit (auch 3. 2. 1.)

Rhodonit (auch 2.)
Rosenquarz
Silberauge
Smaragd
Türkis (zwischen 4. u. 5.)
grüner Turmalin
rosa Turmalin
Unakit
Verdit

Düfte:
Geranie (auch 2. u. 3.)
Jasmin (auch 2. u. 7.)
Latschenkiefer
Melisse (auch 3.)
Neroli (auch 2. u. 3.)
Rose (auch 1. u. 7.)
Wacholder (auch 3.) Bitte nicht in der Schwangerschaft!

Fünfte Station: vorwiegend Hellblau

Aura Soma:
Nr. 2 blau über blau und Nr. 12 klar über blau

Heilsteine:
Amazonit (zwischen 4. u. 5.)
blauer Andenopal
Apatit (auch 4.)
Aquamarin
Blauquarz = blauer Aventurin (auch 6.)
blauer Calcit (auch 6.)
Chalcedon
Chrysokoll (auch 4. u. 6.)
Coelestin=Aqua Aura
Dumortierit (auch 6.)
Lapislazuli (auch 6.)
Larimar
Rutilquarz (auch 3.)
Saphir (auch 6. u. 7.)
Sardonyx (auch 1. u. 6.)
blauer Topas
Türkis (zwischen 4. u. 5.)

Düfte:
Cajeput
Iris (zwischen 4. u. 5.)
Kamille blau und Kamille römisch
Ravensara
Salbei
Sandelholz (auch 2.)
Ylang-Ylang (auch 2.)
Ysop

Sechste Station: vorwiegend Farbe Indigo

Aura Soma:
Nr.1 blau über tiefmagenta

Heilsteine:
Azurit (auch 7.)
Azurit-Malachit (auch 4.)
Falkenauge (auch 5.)
Fluorit (auch 3.)
Gold (auch 7.)
lila Golfluss
Iolith (auch 5.)
Lapislazuli (auch 5.)
blauer Saphir (auch 5. u. 7.)
Sodalith (auch 5.)
Tansanit
Turmalinquarz

Düfte:
Elemi
Immortelle (unterstützt rechte Hirnhälfte)
Limette
Minze piperita = Nanaminze
Thymian (unterstützt linke Hirnhälfte)
Verbena (auch 1.) Bitte nicht in der Schwangerschaft!
Wacholder (Hellsehen) Bitte nicht in der Schwangerschaft!

<u>Siebte Station: vorwiegend Violett und Weiß</u>

Aura Soma:

Nr.1 blau über tiefmagenta
Nr. 16 violett über violett
Nr. 15 klar über violett
Nr. 0 königsblau über tiefmagenta (8. Chakra)

Heilsteine:

dunkelvioletter Amethyst
Ametrin (auch 1.) Nur für Meditationsgeübte!
Azurit (auch 6.)
Bergkristall
Blue-Moon
Charoit
Diamant
violetter Fluorit
Gold
Goldtopas
Granat (auch 1.)
Magnetit
Rauchquarz
Rubin (auch 1.)
Saphir (auch 6.)
Sugilith (auch 6.)
schwarzer Turmalin = Schörl

Düfte:

Angelika (zusammen mit Heilstein Hiddenit 8. Chakra)
Lavendel (auch 3.)
Mandarine (zusammen mit Heilstein Goldtopas)
Myrte
Olibanum = Weihrauch
Rose (auch 1. u. 4.)
Sandelholz (auch 1. u. 2.) sowie Veilchenblätter

Verzeichnis aller erwähnten Pflanzen von A bis Z

Verzeichnis aller erwähnten Steine von A bis Z

Literaturhinweise

Albrodt Dirk Hrsg.: Illustrierte Enzyklopädie der Blütenessenzen, Bände 1, 2, 3 Edition Tirta, Reise Know-How Peter Rump Verlag Bielefeld

Beattie Melodie: Kraft zum Loslassen, Heyne 1991

Beattie Melody: Liebe, was du hast, dann bekommst du, was du willst: Ein Workshop in Wundern, Knaur 2012

Byrne Rhonda und Hörner Karl Friedrich: The Secret – Das Geheimnis, Goldmann Verlag 2007

Choquette Sonia: Chakra Balancing, Verlag Hermann Bauer 2000

Die große Enzyklopädie der Heilpflanzen
Neuer Kaiserverlag Klagenfurt, 1994

Edition Methusalem: Das große Lexikon der Heilsteine, Düfte und Kräuter, Methusalem Verlags - GmbH, Neu-Ulm

Graf Bernhard: Heilen mit Edelsteinen, GU-Verlag München 1999

Lackner Ferry: Das Licht der Engel, Windpferd Verlag 1998

Masaru Emoto: Die Botschaft des Wassers, Koha Verlag 2002

Myss Caroline: Chakren - Die sieben Zentren von Kraft und Heilung, Droemersche Verlagsanstalt Th. Knaur Nachfolge, München 2000

Neumayer Petra / Stark Roswitha: Medizin zum Aufmalen, Mankau Verlag 2006

Neumayer Petra / Stark Roswitha: Medizin zum Aufmalen II - Symbolwelten und Neue Homöopathie, Mankau Verlag 2008

Schwermer Heidemarie: In Fülle sein ohne Geld
Internetadresse www.heidemarieschwermer.com

Summer Rain Mary: Leben und Heilen mit der Natur. Earthway
Bauer Hermann Verlag 1994

Sun Bear & Wabun Wind: Das Medizinrad
Goldmann Verlag, Arkana 1997

Sun Bear, Wabun Wind, Crysalis Mulligan: Das Medizinrad Praxisbuch
Goldmann Verlag, Arkana 1997

Tolle Eckhart: Jetzt! Die Kraft der Gegenwart
J. Kamphausen-Verlag & Distribution GmbH Bielefeld 2000

Bücher von Rita Kasparek, erschienen beim BoD Verlag

Reihe: Das Medizinrad als Schlüssel zum Glück

Teil 1 Innenschau ISBN 9-783753-405391
Gesamtüberblick, die wichtigsten Grundkräfte, vier Geistige Führer, vier Wege zum Zentrum

Teil 2 Die Gabe des Winters ISBN 9-783753-420837
Hauptthema Körper, Finanzen, Beruf
22. Dezember bis 19. Januar

Teil 3 Der Zauber des Frühlings ISBN 9-783753-439044
Hauptthema Geist, Ziele, Neuanfang
21. März bis 20. Juni

Teil 4 Die Melodie des Sommers ISBN 9-783753-477183
Hauptthema Gefühle, Beziehungen
21. Juni bis 23. Oktober

Teil 5 Die Farben des Herbstes
Hauptthema Lebenssinn, Seele, Spiritualität
23. September bis 21. Dezember

Teil 6 Die vier Wege zur Mitte
Übungsbuch mit Jahresüberblick anhand der vier heilenden Wege nach Innen: Aktivierung von Herzenswünschen bei den Positionen der Wintersonnwende, Sommersonnwende, Frühlings- und Herbst-Tagundnachtgleiche.

Teil 7 Die Quadratur des Kreises
Übersichtliche Darstellung der Zusammenhänge am Medizinrad: Sich selbst und die anderen besser verstehen lernen; Hilfsmittel für systemische Darstellungen.

Teil 8 Gutes für Körper, Geist, Herz und Seele
Begegnung mit Medizinradpflanzen, die uns ansprechen und zugleich in irgendeiner Weise körperlich wohltun, sei es die Schönheit der Blüte, der Wohlgeschmack von Obst, Gemüsen, Kräutern, die Wirkung von Tees oder die Besonderheit von Düften.
Interessant wird es, wenn wir uns dabei auch auf Widerstände einlassen, seien es Unverträglichkeiten, Allergien oder Abneigungen.

Reihe: Lachen und Weinen mit Marlene

Der ganz gewöhnliche Alltag einer Medizinrad-Lehrerin

Band 1: ISBN 978-3-7392-1437-5
Ausschnaufffen im Altweibersommer - Marlenes Seelen-Bratgeber

Band 2: ISBN 978-3-8693-7238-9
Abschied ist das Allerletzte - Marlenes Trauer-Bratgeber

Band 3: ISBN: 978-3-7481-4837-1
Glücklich in jeder Beziehung - Marlenes Kuschel-Bratgeber

Dank

Mein herzlicher Dank gilt der wohlmeinenden geistigen Führung durch Sun Bear und die höheren Mächte, ohne die ein solches Buch nicht entstehen kann.

Danke auch an die vielen treuen Begleiter/innen, die mich durch ihre liebevollen Energien am Medizinrad immer wieder neue Erfahrungen machen ließen, oder in irgendeiner Weise an Text und Bild mitgewirkt haben.

Kontakt zur Autorin

Rita Kasparek, Jahrgang 1950, ist Montessoripädagogin und leitet eine kleine Selbsthilfestelle. Ihre Spezialgebiete sind das indianische Medizinrad, die fgh-Methode zur Selbsthilfe und Selbstheilung, Bachblüten, ZASMI-Seelenmassage fürs „innere Kind" und Alltagskomik.

Wer neugierig geworden ist und gerne selber mal im Kreis von Gleichgesinnten das Medizinrad aus der Nähe erleben möchte, kann sich über die regelmäßigen Veranstaltungen der Selbsthilfestelle P-Angelis informieren unter www.p-angelis.blogspot.com
Unter E-Mail-Adresse kasparek.r@gmx.de kannst Du mit der Autorin persönlich Kontakt aufnehmen.

Rabe: ©Verena Gerloff